k a

ANDER DIGBUNDELS DEUR BREYTEN BREYTENBACH:

Die ysterkoei moet sweet (1964)

Die huis van die dowe (1967)

Kouevuur (1969)

Lotus (1970)

Oorblyfsels (1970)

Skryt (1972)

Met ander woorde (1973)

Voetskrif (1976)

Eklips (1983)

'Yk' (1983)

Buffalo Bill (1984)

Lewendood (1985)

Soos die so (1990)

Nege landskappe van ons tye bemaak aan 'n beminde (1993)

Papierblom (onder Jan Afrika) (1998)

Oorblyfsels: 'n Roudig (onder Jan Blom) (1998)

Die windvanger (2007)

Oorblyfsel / Voice over (2009)

Die beginsel van stof (2011)

VERSAMELBUNDELS:

Ysterkoei-blues – 'n Versamelbundel: 1964-1975 (2001)

Die ongedanste dans: Gevangenisgedigte 1976-1983 (2005)

breyten breytenbach

katalekte

(artefakte vir die stadige gebruike
van doodgaan)

human & rousseau

ERKENNINGS:

Gedigte: Enkele digstringe in "kleinreis" sowel as "die digters se manifes van meelewing" is voorheen op Versindaba gepubliseer.

Afbeeldings in bundel: Alle skilderye (of detail uit skilderye) is deur die digter en gefotografeer deur Yolande Breytenbach, behalwe die kralewerk op bl. 210, dit is deur Yolande Breytenbach en eweneens deur haar gefotografeer. Die foto op bl. 89 is geneem deur Carien Breytenbach; die afbeeldings op ble. 102 en 113 is Bernard Joffa se elektroniese "maaksels", so ook dié op bl. 213 n.a.v. 'n skildery van Cézanne, en ek wil hom dankie sê daarvoor.

BB

Kopiereg © 2012 deur Breyten Breytenbach

Eerste uitgawe in 2012 deur Human & Rousseau,

'n druknaam van NB-Uitgewers, 'n afdeling van Media 24 Boeke (Edms) Bpk

Heerengracht 40, Kaapstad

Skildery op band deur Breyten Breytenbach: *"péché de pêcheur"*

Bandontwerp en tipografie deur Chérie Collins

Geset in 9.5 op 16 pt Stempel Garamond

Gedruk in Suid-Afrika deur Interpak Books, Pietermaritzburg

ISBN 978-0-7981-5792-6

Epub 978-0-7981-5826-8

pour Hoàng Liên, pour Daphnée Zewditu

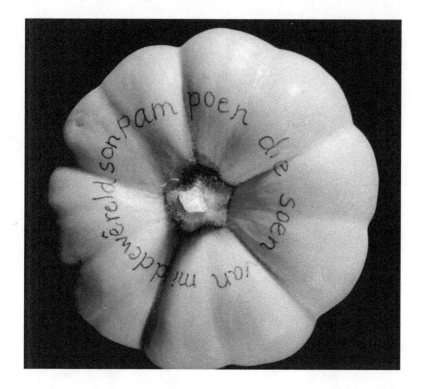

"treat yourself entirely to what good things there are"
– Semonides van Amorgos, 650 vC

"die lyksang van onthou"
– Ka'afir

"On écrit pour crever, camarades!"
– Louis Calaferte, *Carnets XIII, 1991*

"We lived a lot and we saw a lot –
And he who lives sees wonders."
– Naghieb Mafoez, "Old Age" uit *al-Aghani*

Conferring with myself
My stranger disappeared
Though first upon a berry fat
Miraculously fared
How paltry looked my cares
My practise how absurd
Superfluous my whole career
Beside this travelling Bird
– Emily Dickinson

nuwe vluggedigte
17/7/2010-30/4/2012

"This is the poor side of silence"
– Leonard Cohen

"die mens is lankal enkel droom
lewenslotlik van die lewensmelk
geskei soos room:
te veel vet in jou lyf maak jou dood
en dan lewe jy nog net in jou slaap"
– Bian Tong

voorbereiding

nou, voordat ons op reis vertrek
sit ons voor die huis terwyl die son
in 'n vloed van verderf sterf
en ween bitterlik soos klippe
sonder kerm- of snikgeluide
in die neus en die keel
want ons moet sterk wees
want ons weet nie watter een
nie weer terug gaan keer
dalk verdrietig wakker gaan word
in 'n streek van gewonde wit voëls
of waar die sneeu vir ewig skitter
of miskien beland aan die oewer
van 'n dynserige rivier
met 'n eerste vuur in die bome
van waar die gids met die mus
ons een vir een in die bark oor sal neem
na die grot van die gesalfde likkewaan

se-suur

sesuur en die lig ontvou
'n vlag van stil geboorte oor die stad
ou vuur gaan teen die voormure
      van gragtehuise tintel
kanale die beweging van weerspieëling kry
afwysende gesigte van wolke
met die vergete van laas nag se liefde
later 'n roering van blare
'n bootjie wat die vel dromende water
      oopvlek tot stilte se rilling
by die onthou van laas nag se liefde
'n hond dalk 'n stem
'n sug wat deur die strate slaak:
snit in die vers en 'n verruklike verdriet
die ontrukking van vertrek:
so is die hart se somer

die besoek

in hierdie stad is daar 'n gragtehuis
met ruim rame wat die rimpelende lig
binnelaat in 'n sagte gloed vloeiende
oor skilderye teen die mure
en soms reën dit teen die ruite

in hierdie huis
(ek sal dit nie besoek nie)
is 'n geteëlde kombuis
in die grondverdieping waar die trap ophou
met koffie in 'n blou kan
en twee ou katte op die vensterbank
om met skreefogies die voëls in die magnoliaboom
so glad van die reën
in die lang oorgroeide binnetuin
in die visier te hou
want blomme bloei pers in die lente

die vrou met die donker kyk
wat die koffie uit die blou kan geskink het
is hier oorlede met blomme om haar bed

op die laaste vloer in 'n dakvertrek vol boeke
lê 'n man op sterwe met 'n bril oor sy oë
en klop verleë die vis van 'n maer en bleek hand
oor sy bors wat purper 'n sagte magnolia is

en soms reën dit teen die ruite
en miskien het die katte die molvoël van sy tong verorber

in die stad in hierdie huis is 'n kamer vol rimpelende skaduwees
wanneer liefde gemaak is terwyl kerkklokke
'n kariljon galm oor die strate en die dakke
met uitsig deur biggelende druppels oor 'n kanaal
waar kleinburgers met prettige pette
en glase wyn in die hande
in 'n bootjie met 'n fladderende landsvlag vaar
en af en toe sleep die vlag in die water

(ek sal dit nie besoek nie)

elegansie is 'n walvis

ken jy die tere liefdesparing
van walvisse in die diep grot

van ondersese berge
waar lig nog net die geheue

aan die hemel is?
hoe hulle vaar soos tydloos versonke

spookskepe in die donker
sonder enige bemanning

en die vergete gedagte aan bestemming
nog net baadjies met brokaat

omboorde moue in seemanskiste
van verdwene minnaars met gepoeierde pruike?

het jy hulle al hul begeertepyne
diep uit die buik hoor sing?

hier

hier sit ons in die wagkamer
met blinkgepoetste skoene
'n opraakasem vlak in die keel
en agter daardie deur 'n suisende stilte
soos die sug van 'n duisend slakke

jy soek ook die versoogting
van die onomkeerbare

palimpses

hierdie is die begin
van 'n lang gedig
laag op laag vergeet
soos berge wat wolke
      in die hemel stoot
soos visse onder die dam
se water rilling
nog as beweging van lewende
woordetrilling in die koninkryk van derms
hierdie is die wind se gestalte
en gestotter in spasies stilte
hierdie is die einde
van die spastiese gesig
van die spreker se gedig
wat diep soos asem
soek na die digbeblaarde oerwoord:
        poes

maatreëls

jy kan nie 'n dronk man 'n pen vas laat hou
hy sal aanhou probeer om teen geskiedenis te laveer
jy kan nie 'n dronk man voordag die huis uit laat gaan
      wanneer straatligte nog groen is nie
hy sal op die kaai teen die wind staan en bulk
jy kan nie 'n dronk man vra om reguit te dink nie
hy sal vir jou vertel van knaagdiere in Siberië
jy kan nie 'n dronk man in die dorp laat loop
      waar vrouens lang oë soos slange het nie
hy sal struikel oor sy voete en sy woorde
en agter die lourierbos in die park
      met 'n rilling al langs sy rug af gaan pis
jy kan mos nie 'n dronk man vra wat is 'n gedig nie
hy sal by die venster gesigte trek vir verbygangers
en vir jou sê hy soek 'n rymwoord vir knak
jy kan nie 'n dronk man glo
      as hy sê hy het gevlieg nie
al is hy vol knoppe en kneusplekke
en al wapper daar ook 'n vuil onderbroek
      aan die vlagpaal bo die stadsaal
jy kan nie vir 'n dronk man vra waar is God nie
hy sal vir jou sê sy onderbroek is gesteel
jy kan nie 'n dronk man op die dak laat werk nie
hy sal vir jou sê hy weet alles van die katafoniek
terwyl hy kaalgat die mees afgunstige geheime
      by die skoorsteen af luister en fluister

jy kan hom nie uitvra oor die liefde nie
want as dronk vryer sal hy steier
en vir jou sy hart aanbied soos 'n kardoes vrot tamaties
      terwyl sy mond nog rooi is
jy kan nie dat 'n dronk man jou vertel
      van sy dooie vriende nie
hy het 'n langlem-mes in sy sak
jy kan nie by 'n dronk man wil weet
      wat hy dink van die dood nie
hy proes te veel wanneer hy die brood probeer eet
jy kan nie vir 'n dronk man laat huil op papier
dit word 'n vlieëstrontery tussen trane en snot
      en ou vlekke wyn
        hier

bb se tersydestelling

vriend, wanneer julle hom die dag inspit
of in 'n swart plastieksak op die vullishoop gooi
(wie sal nou kla oor 'n blink doodsbaadjie?)
sê dan vir dié wat wil weet
jy onthou hom jy ken sy naam:
Boetatjie Blackface

sê dan: hy was nou wel 'n grensbekakker
'n broodlose bakker en 'n verkeerde-om kaffer
maar hy het darem berigte teruggestuur
vanuit verre kontreie en kroeë –
        die wisselende pryse van naeltjiekonfyt
hy het ons op hoogte probeer hou
van die evolusie van luise

en dit alles
(mag die Heiland wat alles lees hom vergewe)
in die vorm van vormlose gedigte
wie sal nou kla oor 'n blink doodsbaadjie?

haal dan jou pluiskeil af en biggel 'n traan
vra die nuuskieriges om 'n oomblik stil te staan
want onthou! onthou! onthou!
só, ook só groei en gety 'n maan

om te vrek tot die vrot van vergaan
maar water behou nog lank die ligte streling
van strale

dis nie myne nie
dis nie joune nie
dis 'n ander man se vrou
wat ons na vry

'n kolgans doodgery op die M3

die kolgans het 'n veer laat val
van die hoogste roep van waarookal
mits dese wou sy vir ons sê
dis haar maat wat dood op die snelweg lê

die mense ry verby en kyk
vir 'n droommoment by aanskoue van die lyk
terug in 'n tyd van ruimte waar nou
die nikswees 'n verlede vryheid oorvou

die kolgans het geen ritme vir sêplek meer
die kolgans laat val 'n laaste veer
sy en haar soort wis uit teen die grens
van verlore naburigheid tussen voël en mens

mits dese wou sy dalk nog sê
hoe diep het ons liefde vir die lewe gelê

dig

miskien is dit wat ons sin noem
slegs die struktuurmaak van waansin –
die wilde vrees van verskietende sterre
en van larwes wat uit dadels broei
omgebuig in die ritme van reëls

die gedig is tog woordeliks 'n verdigsel
'n dig-maak van die gate
sodat die niet die omskrywing
van 'n gesig mag kry

miskien is die bestemming
om 'n skil te skryf
vir die stil kreet –
wit krytlyne in die grond
waar die lyk gelê het

16 september 2010

Uit 'n diep droom het ek ontwaak en sweer
Die wêreld is diep,
Dieper as wat ek ooit kon weet.
– Nietzsche, "Zarathustra se lied"

wat het geword van ons somers?
waar is die lang en lui agtermiddae
toe lig 'n goëlaar was om uit die skittering van moue
'n wind so rats soos 'n aap te pluk
of 'n kasteel wolke regop staan te maak?

o ons het geweet dis oëverblindery
maar die son was popelend kosbaar
'n koggelmander in die hand
en hitte 'n flikkerende tongetjie

wat het geword van die bosduif
se skiet in die hemel
so stil soos 'n fluit uit die donker bos
om baie later eers in die gedig te kom fladder?

o ons het geweet dis oëverblindery
maar in die oggende was die veertjie
so lig soos 'n vergeetgedagte op die kussing

wat het geword van die someraande
toe ons so ryk was dat ons met kwaste goud en bloed

die sonsondergange kon verkwis
want daar sou mos altyd méér wees oor dakke
oor die see oor ruisende heuwels van verre landskappe?

en later die donker geritsel van nagtaalnagtegale
sodat ons verhale vir mekaar kon vertel
van vestings en engele met boomsingertjies in snuifblikkies
van paddakonings in die vlei
en die hartklop van ewige liefde 'n lint in die duister

en baie later die taanmaan 'n versadigde man
wat lui op die rug sy pyp lê en rook
terwyl vuurtoringsterre 'n geheue aan metmekaarpraat
flits en vervaag in 'n waas van lig

wat het geword van die man in die maan?

iewers breek die dag nog en 'n tuinier hou dop
hoe spreeus waaierend swiep om die hemel
soos 'n lyklaken uit te lê vir bleik
net duskant duskant grense van die stilte
van ons gekweste planeet wat rillend rol deur die niet

iewers word 'n vaalblou boerpampoen geslag
met 'n lem wat die skil se stilte sal kraak
om sonskyn oranje uit die vlees te laat straal
wat verorber gaan word wanneer die suidoosluggie
van onder af deur die populierbos blink

iemand maak musiek in 'n agterkamer iewers
gee 'n kind 'n eerste tree
kyk 'n vakman met trots na die produk
van sy hande se beweging
sterf 'n vriend met 'n grap op die lippe

o baie sterf te laat en 'n paar te vroeg
wanneer die koraalboom koggelmandertongetjies bloei

iewers trek 'n ou minnepaar die hortjies dig
dat die gloed van skoonheid nog oor hulle mag streel
wanneer hulle liefde pleeg
soos 'n voël wat leer vlieg

maar wat het geword van ons dood
toe dit nog met die lewe as pen
orgasmiese swart vlekke ink
in kladpapier was?
en wie is die swerwer wat soos 'n kind
daarmee wou speel
as verbeelde skryfding van die pyn
toe dit leeg weggesmyt is
ná die somer?

o ons het geweet dis oëverblindery

sing sing my vergete droomboom
sing weer fluisterende groen woorde oor my
sing soet hande op my nek

want wat het geword van ons somers?
wat het geword van die blou bord vol vye?
wat het geword van jou en van my?

waterbrief

in die nag is hy dikwels 'n koevert
hy skryf die dokumente van geboorte
nietnotas, belydenisfragmente soos skrifsels
wat aan moet dui waar 'n fuik
in die donker neergelaat is
om môre se witvleis te vang

hy weet hy plak die koevert toe
en pos dit in die gleuf tussen lakens
die bus waar bewuste gedagtes verdwyn
langs onbekende weë
na 'n verseëlde aankoms
en glip dan weg in geraasslaap

wanneer die dag oopgeskeur word
soos 'n koevert uit die vreemde
soek hy in die lig wat om alles en elk
die stilte van gestaltegee kelk
die betekenis van die brief
die palimpses as testament:

hoe 'n ontwrigte weegskaal se gewig
die versreëls in bewieging bring
sodat woorde nog kruip
en segment vir segment sing
soos die knypers van 'n kreef
wat die onnoembare lyk gevreet het

23 september 2010
(vir Ounooi)

ek lees dat die gedig
die ompad is van hier na hier
en die paradyspaadjie waarlangs taal
al vertalende taal blootlê:
wat sigbaar is sal sterwe

en in die ewening van dag en nag
met maan weer in die klipbuik purper put
in ondergrondse soet herinnering
skyn die byna vergete ontmoeting
van verwondering en pyn

is jou verjaarde gesig weer 'n wysie
met die verrimpelende gewig van afbeelding
wanneer wind die watermaan roer:
ek is vlees van jou vlees moeder:
wat sigbaar is sal verniet

die lewe is 'n gedagte ver

die 14de Oktober, dit was 'n gedagte,
om wes teen die draai van die aarde
te vlieg, hierdie land, hierdie planeet,
hierdie lewe benede, bewerkte landerye,
en dan rivierlope, spatsels water
wat mere mag wees so blou
soos spieëls die ewigheid weerkaats,
kaal granietspitse, woestyne van vergetelheid,
strepe, bakens, patrone, klossies
mensgeboude nedersettings, en skeure
in die kors van die nag, dit was 'n gedagte,
die lewe my lewe 'n legkaart waarvan
nog slegs die sluitstuk van herkenning makeer,
dat dit 'n gedagte is wat nooit
bedoel was om tot begrip te prent
op hoë berge vergeet soos sneeu in die somer,
dat dit 'n gedagte is ewig vlugtig
op vlug na iewers waar dit altyd dag is
op hoë berge vergeet soos sneeu in die somer
hierdie 14de Oktober.

oupa

Toe ons nog klein was, B en ek, het ons in eenderse huise gebly
met net 'n draadheining om ons werwe te skei. By elkeen van ons
het 'n grootvader in die stoepkamer gewoon. Van kleins af, ek weet
nie hoe dit begin het nie, wanneer B en ek stry gekry het, het die oupas
mekaar getakel. Mettertyd het ons dit aspris gedoen, gemaak of ons
'n huilende uitval het net om te sien hoe die twee oumense bolle rol,
vuisslaan en skop en soms stoei in die stof. Hulle het goed opgeweeg
teen mekaar, was dieselfde ouderdom en portuur, eers veel later het ons
geweet hulle is 'n tweeling, en beide van hulle was ewe verknog aan
ons, B en ek hulle kleinkinders, en sou ons met hand en tand verdedig.
Behalwe vir die gevegte het hulle nooit enige kontak gehad
of selfs met mekaar gepraat nie. Vir B en ek was hulle die versigbaring
van ons grootword. Op maanskynnagte het een van ons deur die draad
geklim om voor die ander se huis te gaan staan en roep soos 'n naguiltjie
totdat 'n lig aangaan in een van die kamers, en dan sou die een wat
buite is 'n belediging skree en die ander sou begin huil, "Oupa! Oupa!"
net om te sien hoe die twee oues soos steunende skimme baklei op
die donker grasperk.

En ons het groter geword, skool toe gegaan, saam begin werk,
verhoudings gehad, vrou gevat en laat staan. Met die wegval
van ons onderskeie ouers en familie het ons elk sy oupa
geërf. Hulle was soortgelyk vol knoppe en rowe, ewe taai, en het
'n fenomenale kennis opgedoen van messe, kneukelysters en knuppels.
Soms was die situasie ongemaklik. Op laerskool al het die twee oues
partykeer geduldig in die reën buite die skoolterrein moes wag,

kiertsregop sy aan sy sonder om ooit 'n dooie woord te wissel,
tot wanneer die klok lui vir speeltyd en ons, B en ek, stry kon kry
en die twee aanhits om mekaar te pak. En in later jare was dit omslagtig
om te reis want ons moes altyd plekke bespreek vir vier mense saam
op treine en in vliegtuie.

Nou is ons albei oud en der dae sat, B en ek. Ons het in dieselfde
ouetehuis beland, Herfsvreugde, en gevra dat ons oupas saam met ons
opgeneem word want wie sou omsien daarna dat hulle nie verwaarloos
en vereensaam nie? Dikwels sit ons saam op die agterstoep om die
laatmiddagson te koester. En dan sal ons oudergewoonte begin kibbel,
B en ek, ou-ou griewe opdiep, hier kiep-kiep en daar kiep-kiep
totdat een van ons skree:
"Jou oupa is die skelmste oupa in die wêreld!"
En die ander antwoord:
"Issie! Issie! Jou oupa is skelmer as myne. Jou oupa se poes!"
Net om te sien hoe die twee ou here verbete maar byna statig nou
met hygende asems mekaar te lyf gaan in die naderende skemer.

Dit gebeur soms dat B en ek ongesiens 'n sakdoek deel
om ons trane af te vee.

onderweg

"somewhere halfway from here
there are half-empty boxes"

nou is elke nag 'n reis
deur onbekende landskappe
van lig en van skaduwee
oor barre vlaktes
of skielik in klowe
met druipende eksotiese bome

daar is soms 'n dooie dorp
'n modderblink hond
met gesperde kake blind vasgekolk
in die kopligte
maar nooit 'n lewende siel

en elke nag is die bestuurder langs my
'n dooie vriend lankal vergeet
'n dooie broer van wie ek niks weet

nou is elke nag 'n bitter argument
want waarheen is ons op pad?
ek wil die stories nie hoor nie

nou klim ek elke oggend uit in die dag
met 'n keel seer van stof en van skrywe

'n bietjie betekenis

"To celebrate beauty we must swallow
all of death" – Milosz

'n bietjie betekenis? sê jy
leiding? rigting? doel?
maar ek is die digter, sê ek
ek skryf in die kantlyn
(kantelwerk: om die lyne te laat kantel)
ek kan nie in die hoofstroom
waar geskiedenis en ordonnansies gestalte kry
beweeg nie
my woorde het geen hoofletters
soos aas aan die hoeke om die leser wat swem na sin
te fop nie
ek is die opligter
die kwaadstigter
die aarsenaar
die veranderaar
die gewigopteller in die woestyn

die gatvlieg, kan jy sê
die mens se beste vriend
so soos genade die dood se troos is

betekenis is die stolling v.d. beskikbare

wanneer ek na 'n lang afwesigheid
    geknaag deur 'n skuldige geheue
in Parys arriveer om weer gewoond
    aan Breyten te raak
te red wat nog vergewe kan word
maak ons 'n afspraak in 'n straatkafee
    van rue Mouffetard

wanneer hy inkom met sy oë op skrefies
    teen die meteense donkerte
gewaar hy my nie agter die koerant
    en die donkerbril nie
en ek hou dop hoe hy sy glas wyn bestel
(god so vroeg reeds in die môre)
die verwaarlosing van die skouers
die hand té bang op die toonbank
'n gevilde vis

wanneer hy my sien
is daar geen vreugde om van te praat nie
en kyk hy na my
met iets tussen verdoeming en weemoed

wanneer hy my deur die stad se strate begelei
is dit verby geboue wat ek herken soos skaduwees

gespat teen die sonlig oor die keie
die geritsel van seerpootjie duiwe in die bome
tot by die ateljee (die straatdeur sluit nog steeds nie)
en die trappe op (die sleutels klingel aan die bekende ring)

"while the skin that you're working on is wet
alert like a flower recently cut   you harbour
the illusion that <u>everything is still possible</u>"

die notaboeke op die werktafel onaangeroer
                maar dood
stof in 'n lagie oor verfbuise en kwaste
'n stapel koerante geelgetyd

waarom? waarom nou? waarom
nou eers? wat soek jy van my?

ek lê my hand oor syne
            se bewerigheid:
ek het gereis   woestyne en berge
met dooie donkies in die ravyne
en vroue wat dans in die nag
en die rou krete van revolusie

wanneer hy sy hand oor myne lê:
jy lieg   wie is jy eintlik?
vir wat   vir wie is jy altyd op vlug?

ek lê my hand op sy hart en sê:
jy moet na my luister
dis vir jou   dis vir óns
vir ons mense en die ritme van ons asem
opdat ons nie vergeet nie

"you have the stuffed head of the green parrot
born far away in Africa   decapitated
and emptied of all imitations and echoes and illusions
          far away all the visions of Africa's green hills
too   and put up for sale among old men's teeth
and boots and coughs and mirrors and other knickknacks
          it was always dead but never as dead as now"

hy deins terug dat ek die dooie as van grys afgryse
          in sy oë mag gewaar: *hou óp! dis nie jóú wêreld*
en dis nie jóú mense nie   ék het hulle in my woorde
en my beelde begrawe soos voëls wat nooit weer
sou terugkom aarde toe nie
jóú verflarde observasies en besinning
          is versinde singsels soos windverrotte vlae

"only the hand that effaces can write the true thing"

wat kan ek verder sê?

wanneer hy sy hand skulp oor myne se bewerigheid:
bly   bly (my) (by) my kom tot rus   sáám
   kan ons nog 'n paar rympies en prentjies prakseer
   riempies sny om onder die hart te bind
   voor hierdie hand soos 'n vis verrot
wat moet ék doen? wat moet ek dóén?

en haastig nou om weg te kom van Breyten
   se stom kreet
kyk ek na die tikkende hart van my horlosie en sien
   dis byna aand
dat die duiwe in die bome onrustig sou wees
en iewers die papegaai se groen koggelsang:
ek moet weg   die wêreld die volk
roep my   mens se tong het verantwoordelikhede
immers   so baie om nog te sien en kwyt te raak

in blink skemering oor die stowwerige
venster na buite lees ek sy spottende grynslag
gespieël in droefheid
durf ek nie kyk na sy stukkende gesig nie:
maar ek kom terug   dit belowe ek jou

o hopelose soeke   o angsklop van die hart
o verwarde drome   o die skrywes en geskilder
is (ek is seker)
om die dood te beteken om die dood te verhaal
om 'n onsigbare voël te word

".. . secrete the paintings   to put a term
      to the void   outside the window
      entirely in the day
      birds are going to the emptiness of trees
      clouds sift light   shift the eye . . ."

dit het jy gesien

die ou dame in die bakkery op die hoek
met drie bottels rooiwyn in die drasak
      wat sy met onhandige kneukelhande hanteer
en hoe sy *merci mille fois* sê
gee ons vandag ons daaglikse brood

en iets hoër straatop in die rue Mouffetard
die *dojo* vir sit op die knieë
met die anus ten hemel
en die voorprewelaar se sokkies het gestink
want waar sal ons hulp vandaan kom

en die laaste strale van die dag
val skuins deur die duikweg van rue Jean Calvin
waar twee sangeresse op rym van die klankdoos
      se klavierakkoorde
eers *Carmen* en dan 'n Schubert-lied oefen

die krulkop-voordanser is onbestendig op haar voete
die jonger een in swart se hare is kort
en lei ons nie in versoeking nie

hoekom hiér?
"omdat ons die son se laaste strale vang"

dit was vyf-en-twintig oor sewe

en toe die bejaarde heer verewig
en ewig amen
in die dalende son se stralekrans
hoe hy staan en bewe oor sy kierie
hoe absoluut honger sy oë die danser se ritme
          vas probeer vang
hoe hy huil
en hoe sy weier om enige geld uit sy hand te ontvang

'n lewe verjaar

die lewe is heerlik, heerlik, heerlik:
die hart brand soet en seer
in die tongverewiging van drome
waar die wolke bly

en so stil soos 'n oog
rook daardie hart
gevou in ewige beweging
verder as geheue se weggange

wat nie weerklink
is geen liefde nie –
in die uitspansel van jou hand
word nagmusiek uitgemeet
soos 'n blou planeet

en wie ken die vreemdeling se land?
wie sing ooit die wegvlieglied
soos die lewe van vlindervlerke
wanneer verbeelding se lettergrepe
nog bewe in die vingers?

wat vertel die vlees se vokale
van die huweliksoptog
ingeskeep in die gedig?
wie sal met ons praat
van die fees van verloorders?

ons is die vlam wat verborge patrone
van die liefde verviervoud
en met die jare plooi ons
die vel van die aarde

ingeskerp in kwartiere van sien
is die klip se gesig
die klank van donkerte
om 'n maan te onthou
agter die berg

die ontbinding van herinnerde drome
in tuimelende binding
bou die lig
tussen water en wind:
die wolke sal bly

"uiterste helderheid is 'n misterie"

27 Maart 2011, Clifton

die oene-gedig

hoeveel seisoene het ons saam gereis
twee brokke behoeftige syn
       op hierdie wentelende planeet
wat net 'n dag en 'n nag lank is

hoeveel pare skoene het ons uitgetrap
deur stof van woestyne en oor tapyte
      van paleise
en waar is die sole
en waar is die siele

hoeveel lemoene het ons vir mekaar geskil
skyfie vir skuitjie op die tong gelê
deur hoe baie boorde het ons gewandel
sodat dit aand mag skemer oor die aarde
en die bloeisels soos sterskerwe tydloosheid
      ruik en roer
hoe dikwels het ek jou groen hande
      op my nek gevoel
en hoe soet was ons soene toe
      en weer oen oen oene

wat het ons alles gedink en gedoen
hoeveel ballonne het ons opgeblaas
hoeveel pampoene het ons geëet
      in bredies en gebruin met kaneel

hoeveel keer het ons gesien hoe strydende partye
met legioene skitterende visioene
       tot versoening kom
en dan weer die wonde breek
hoe sermoene van liefde en blou lemoene
en pampoenskille en bloedbevlekte blasoene
en lippe sonder soene in die grond verswelg word

hoeveel miljoene leeftogte al
       dwaal ons deur die niet
twee flodde bedorwe syn
wat mekaar soms herken en verloor
       van krip tot die somber linte van krip

en nou die aand aankom
om soos 'n vlug flaminke te vertrek
wat maak ons met die hoene
       en die goene en die woene en doene
my liefde?

Re: versoek om lêplek

Vir die vaders van die dorpie van so 'n dertigtal huise
omtrent twee uur met die sneltrein suid van Parys
in die sentrale hoogland waar die landbou nie ryk is nie –
klein kuddes wit beeste af en toe, skape in die kastanjebome
se skaduwees, miskien rape en kool en sonneblomme somers –
julle sal die plek herken.
Dis met die oog op die klein ommuurde begraafplaas
so 'n halfmyl buite die dorp dat ek vir julle skryf.
Sal julle omgee as ek daar begrawe word?
Ek weet julle ken my nie en my aksent is anders. Maar
ek sien daar is dalk nog plek tussen die vyftig of so grafte,
of miskien onder 'n familiesteen weggevrotte name
bo 'n lappie gat waar die geslagte lankal uitgesterf het?
Ek belowe ek sal my gedra, nie lelik sing Saterdagnagte nie,
my deel bydra vir die wurms en die miere ter wille
van gesoute burgerskap en gesonde vergaan.
Ek sal nie aanlê by julle vroumense nie en saam
met julle vroom wees al kan ek nou nie onthou
uit watter geloof ek stam nie.
Julle sal geen las hê van onwelkome besoek van mense
van kleur met gerwe sewejaartjies of gediggies
of dronk lywe nie.
Ek sal selfs my naam verander om in te pas,
iets met die klank van julle beboste heuwels en middagslapie
wolke, my baard afskeer, die hande laat vereelt,
'n hemp met 'n kraag aantrek en skoene

met stewiger sole dra.
Wil julle dan nie maar oë toemaak
en dit vir die vreemdeling gun
om te verdwyn in julle poort,
om opgeneem te word in julle vergeet nie?

die begrafnis

Dit is waar ek die kar probeer parkeer het en dat dit nie wettig
was nie en wat die polisieman my op attent gemaak het. En dit
is waar die polisieman my gevra het wat soek ek hier.
En dat ek toe verduidelik het dis vir die begrafnis.
Van wie? Van wié, vra jy?
Van my swaer.
Dit is waar die polisieman ongemaklik sy simpatie wou betuig
maar ook gesê het hy het nie geweet van 'n sterfte in hierdie huis
nie en hoe lank het my swaer daar gewoon? Dit is waar ek
vir hom vertel my swaer is in die nag oorlede.
Dit is waar die polisieman gevra het wat my swaer in lewe
gedoen het en dat ek vir hom sê besigheid en dit is
wanneer hy agterdogtig begin lyk.
Watter begraafplaas? Wátter begraafplaas, vra jy?
Wessex. Kan dit Wessex wees? Of Arkadi. Dit is waar
die polisieman sy kop gekantel het. Dit was 'n geel dag,
dit was mooiweer. En wind het in die boomtoppe gesuis.
Dit was die regte plek om te wees. Hoe sou ek weet of dit
die regte plek was om te wees? Dit is waar ek getoeter het
en toe het 'n stoet mense uit die huis gekom
en daar was 'n vrou met 'n sluier, sy was krom van verdriet,
en twee kinders wat haar regop probeer hou het. En dit
is waar die polisieman vir my gesê het ek mag nie daar
parkeer nie, en waar is jou swaer? My swaer, sê jy?
Ja, dit is waar die polisieman gevra het waar is die doodkis.
Moet daar nie 'n lyk wees nie? Dit is waar
ek nie kon verduidelik van die mak perd in die huis nie.

die ritueel van verandering

met sonsondergang
tussen die riete
soos die voël vlieg
hoe hulle wat haastig is
vir dinge van die nag
nie meer die diskresie ken
tussen afskeidsliedere se dreun
en die dood se passies nie

dans dan maar, dans
die riel van verandering
vir dinge van die nag
tussen riete
met sonsondergang

die ou nar

die ou nar maak tuin
hy het van oggend en aand vergeet
of laat dit nou gaan op 'n ander kringloop
van plante en van wind in die olyfblare

die ou nar het nie meer grappe
om te vertel nie
of dan net dié ene dat geboorte en dood
'n vertoning is onder kalkligte in saagsels
van die kryt binne die tent se wande
wat soos sterwensvlerke adem

die ou nar se wangspiere is slap
van al die gesmaal en gesmaail
en die harlekynsopskik wat sy gesig
tot die dooie vel papier geverf het
wat as lagspieël die kinders bang moes maak

die ou nar weet
hy het die voorgeslagte se sterwenstaal
uit hom laat woed
om mompelstil te word
onder 'n diep hemel
want oorlewing is bollemakiesie
en geheue is slap stewels

en nou maak hy tuin in 'n ander land
en sien yl agter die einder
die rook van 'n ander wêreldbrand

hy maak gate in die klei
aum mani padme hum
om malvas en rissies en tamaties te plant
en so 'n opvoeringsruimte te skep vir skoelapper
en naaldekoker en vir die mier

want hiér moet die lyf in die narrejas
begrawe word as vreetgoed vir die wurm
om gangetjies te tonnel sodat die vrye aarde
lug en vrugbaarheid mag kry

olyfblaarwind en oumenskind
voëlfilosofie en blinde sterrepuin
kruisbandkoerasie om die poephol in te bind
die ou nar maak tuin

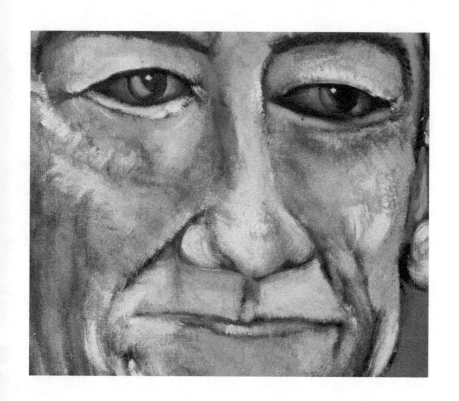

vergeetvuur se spore

"Kilroy was here"

<u>*dimanche 19 février 83*</u>
La vie est un métier à apprendre;
actuellement je suis au chômage.
Moeg, so moeg.
Ek weet wat dit is om snags
voor die kakpot te wees,
huilend op die knieë.
Maar skoon.
Die Groot Weerbegin.

"It is lonely in the saddle
since the horse died"
  – Bian Tong

BB: Intieme en beknopte CV

Sy naam is Bittergesig Buiteblaf. Hy is baie, baie jare gelede
met verrimpelde ooglede gebore uit 'n diep verlede in Bonnievale
op die oewer van die Breërivier –
vandaar die skuilnaam Breytenbach.
Sy tweelingboetie vroeg doodgevrug daarmee heen se naam was Gabba.
Uit mismoedswilligheid het sy oupa daarná nooit weer 'n woord gesê nie.
BB raak al gou die pad byster en verdwaal as lyster in drome van gedigte
se gesigte en skilderye en as.
Hy kom af en toe terug na die moederland op soek na sin
of, by ontstentenis, betékenis.
(Sin vir waardes, ho! Mannekyne!)
Maar bly darem nooit lank nie.

Hy is bywoner aan die Gorée Instituut op 'n vroeëre slawe-eiland
in die baai van Dakar. Vir enkele verspilde maande elke jaar gee hy les
en lyste leeswerk aan skryflastiges by die New York Universiteit
asof hy kop sou weet van hoe dood lyk of stert van bewende lewe.
(G'n wonder Amerika is so in die verknorsing nie.)

Hy wou nog altyd die gom by elke huwelik en die oorlede lasgas
by iedere begrafnis wees.
Sy mooimoedige vrou probeer kry hom hoeka aanmekaar op die regte pad
en sy lieflike lieflingdogter se naam is Gogga.

die maak van poësie

die enigste manier
om 'n groenvytjie te eet
as jy die teer lippies
van mekaar trek
is met 'n eerbiedige tong

of om dit geryg te kry
versigtig versigtig aan die tak
ry saggies vry saggies
met vaselien

oefening

ter wille van die saamgesels
onthou ek die ou Zen-wysheid:
dat die vinger wat die maan uitwys
nie die maan is nie

aanwys, verwys, wysig, wys-dom, uitwis
vir die wis en onwis:
ek weet nie meer veel van die wysie nie
of net nog die katamorfose tot vis

frottage

"Bien avant de servir à communiquer,
la langue sert à vivre" – Emile Benveniste

wat deurgaan vir 'betekenis'
is *klankruimte* – m.a.w.
(met ander woorde)
die proses waarop woord en kleurtekstuur
in die stil spuitspieël van die blad
'n gesprek oopknoop wat lei tot verhouding
en kontteks waarbinne indrukke
oogbetuiging en uitdrukking word
(want sien):
met ruimte kom beweging
met verbastering kom denke
en die donkie verklank tot woordwordens
toe en nou weer hoenou

egomanie

so skrywe jy in 'n staat van beleg
in die hoogste toring waar jy die son probeer klank
al is dit ook 'n gekrap aan die immer ontwykende rowe
van self in die spieël van die nag
om die ander se oë te verblind

kan mens van enigiets 'n gedig maak?
dit wat lewensagtiger en weerkaatsender
sal skemer as enige harnas van woorde?

en wat sou die vers dan tog wees
(daardie weefsel tydelike verwysings)
anders as 'n verflenterde vaandel
bo 'n droomkasteel van vergeet?

die verontskuldiging

moenie vra na eerbaarheid nie:
ek is die digter wat lieg om te mag lê
waar son nog af en toe warmte vang

moenie vra vir kloekmoedigheid nie:
ek is die digter vir wie die vloek
en die soeke na verbysteek op één
sny gesmeer word

koester geen verwagting van waarheid:
ek is die digter wat verwar word
deur die wyse waarop krokodille
se skubberige rûe
net-net bo die water wys

(ek is die digter):

vraag

wat bly oor van my lewe
noudat dit verdwyn het
onder 'n tapisserie woorde
vliegkak voëlspore
krabbels onverwante
en sinnelose slagspreuke
uitroeptekens en ander snikke
ink soos rowe en korse bloed
ink ink ink

carpe caca!

maar dit het biebie in sy bewerigheid tog eiemondig
verower: 'n oewer vir stiltes om langs te vloei
en woorde as ruimtelinge om die metafoor te abba
soos die verdrinkte miershoop die miere se gedeelde
gedagte aan geheue aan oorkant is

die diereryk van die Royal Saly

("the antelope runs the risk of eloping with an antlered interloper")

in hierdie gemaakte paradys
waar verskaapde toeriste hul swabbelende boude
tot kaiings lê braai in die son
rotte sal snags die lippe lek

en as die muil 'n magiese dier is
en as die vark 'n embleem sou wees
van goeie maniere
en as die meeu die gierige taal
van visse kon praat
en as die mens 'n engel was
met hare en seks en verskeurde tong

kantelkyk-kraaie met servette gebind om die nekke
en met glimmende gekromde swaarde vir snawels
betree die rietdakke met honger kloue,
hoog in die takke van die apebroodboom
waar saadpeule tussen die lower hang
soos die groen ballas van antieke gode
fluit muisvoëls helder en dringende note
van dronkverdriet
na dieper in die bos buite die enklawe se mure
waar olierige rook bo sinkkrotte krul

'n geslag gelede het hierdie toeriste
nog ploeg gestoot en water gedrink uit die kruik,
met vetgesmeerde lywe en onhandige hande
maak hulle nou of hulle in Afrika is

koggelmanders skarrel mik-mik
vir outong se praat oor die keie
waar daar vroeër klippe was,
'n flap met lang weduweesluier soos swaar vlerkpante
vlieg op gryphoogte bo tropiese struike
deur die lou en vogtige lug
soek-soek op vlug-en-val tussen hemel en aand

jy waad jou lyf in die warm bruin see,
kyk na boomskuite op die verwaterde luglyn
waar vissers al vir eeue lank
regop staan asof in gebed
om die dieptes te peil vir oorlewing
en tas met 'n oog na die maan
wat iewers deur lig verswelg lê en swel

en as die muil 'n magiese dier is
en as die vark 'n embleem sou wees
van goeie maniere
en as die meeu die ywerige taal
van visse kon praat
en sê nou net die mens was eens
          'n engel
met hare en seks en 'n deurboorde hart

ouhond, die gedig

"year after year
on the monkey's face
a monkey face"
– Basho

toe in daardie tye toe alles reeds verby was en daar geen
rekenskap meer was om te gee nie, toe mense soos troppe
reddelose diere oor die verkoolde heuwels geswerf
en saamgedrom het in die straatjies en op die pleine
van gehawende stadjies, toe daar die gevaar van 'n einde
aan alles om ons was, van buite die gesigeinder uit
die donker hemel beaard met flitse geluidlose ontploffings,
en van binne ons geledere uit die ondergrond
waar ons gesamentlike geskiedenis vernietig is,
toe skares mekaar verdring het in hierdie laaste vakansieoord
aan die see, en die branders was swart en 'n giftige wind
het oor duine en ooptes en deur geute gedwarrel
(en as die wind 'n metafisiese dier is?)

het ons ooit kon dink dat ons by die ondenkbare
uit sou kom? dat daar niks meer oor sou wees om te dink
of te onthou of besin nie?

toe was ek saam met die kudde vlugtelinge, ou vertroude
of vyandige kakaanjaers, dié wat hulle lewens gebou en verbrou het
rondom die gesmous met idees en insigte en stellingnames,
dié wat die geskiedenis wou vuilvinger, ook mededigters

in die karnavalstoet, want toe nog, toe alles reeds verby was,
het hordes besoekers hulself ingeprent dat daar vermaak was,
afleiding, iets om oor te lag wie weet, dalk selfs *leiding*
uit die wegkalwe van dae, uit dieptes gans verlore,
of ten minste 'n openbare steniging

saam met my was 'n jong man as vroeëre vergestalting
van my met verstarde oë en die mond gekrom om 'n stil skreeu,
miskien wou ek hom touwys maak, dit is immers hoe mens
tot vernietiging kom, miskien wou ek saam met hom
bestek opneem, hier was die stanings die werwe die kampongs
die slote en paaie onder 'n baldakyn van aanhou beweeg
en geraas maak toe sterre nog nie dof was nie
en baniere nog in die bries gewapper het,
maar ook die persoonlike onthou was sonder vatplek,
hier sou ek 'n bestaan vir hom moes verbeel met die woord
as klei en 'n hortende asemgang as rigtinggewer

iewers vandaan het die aankondiging oor 'n krakende luidspreker
gebraak dat mense genooi word na die verskeidenheidskonserte
en opvoerings en die vuur- en swaardslukkers en die akrobate
wat doodspronge gaan maak vanaf sweefstokke oor die oe-en-aa-
hoofde van die skare, ons hef ons oë na die berge, maar alles
was verspot verrot en verslete en bedek met 'n voering stof

"kom een, kom almal!" het die stem verder gesê "want ons
het hier ook iemand wat homself op gaan veil, die uiteindelike

ontmaskering die roetes van sy lewe
die klank en die roet en die kurwes
van sy gedagtereise die knaters op die tafel, ene, ene
breyten breytenbach"

'n ruising het deur die geledere van malende mense gefluister,
was dit verbasing? nuuskierigheid? 'n gemor? kom kyk ook
na al ons ander eksotiese diere, het die stem voorts probeer lok,
die kameelperde en konyntjies en poue en kewers, iewers
was daar dalk nog hokke en kooie waar die uitspel van lewe
met kwylende tonge besigtig kon word

in die gedruis en rigtinglose verdringing het die jong vreemdeling
verlore geraak, miskien is hy vertrap
of selfs stilletjies verskeur deur angsbevange vakansiegangers
met ontblote tande op soek na sin

ek het op my hurke in die ooptetjie gesit met die stomp hout
wat ek as mens uit wou kap, iemand van my jare en portuur
wat my oorleefde lewe sou kon vergestalt
en namens my kon praat (soos 'n digter), ook hierdie hortende
gemompel wat kon vertel van tóé in daardie tye,
mens se vroeëre skaduwee laat jou liederlik in die steek,
'n man met twee bene en skreeuende kop na die sterre geskreef
en 'n hef-hart vir die kef, maar die hout was voos vol vrot kolle,
die vlees het onder my knipmes verbrokkel
in 'n nes maaiers

'n ou man pens en penis in 'n kortbroek en ruwe eenvoudige voete
het langs my kom staan en oor die koppe van die skare geroep:
"kom een, kom almal! kom kyk hiér is hy nou! hier is die ou
aan wie hulde betoon word! hy het teruggekom om by óns te wees!
kom kyk, mense, kom kyk die *bobbejaan*!"

skielik soos 'n slang

Eensklaps was hulle daar, asof 'n plaag – die slange.
Groot en dik en lank met velle wat gelyk het of hulle slymerig is
maar wanneer jy aan hulle geraak het was dit koel en effens skubberig
onder die vingers. Meestal donker van kleur,
swart of indigoblou. Die mense het gemaak asof dit normaal was,
asof hierdie krioelende bevolking slange nog altyd tussen ons
gelewe het. Dit het nie gelyk asof hulle aggressief is nie.
Trouens, dit was na 'n tydjie duidelik dat elke gesin
minstens een van hierdie groot slange moes hê as statussimbool.
Om die waarheid te sê, dalk was dit selfs verpligtend om één
van die reptiele of 'n familie ineengevlegtes aan te hou
as jy 'n lid van die Party was.
En dit was na 'n wyle duidelik dat jy jou aangewese slang
moes gaan haal by die sentrale skuur waar 'n massa in voorraad
aangehou is. Maar jy kon slegs 'n slang kry indien jou naam
op die lys was.
Dit was allerbelangriks om op die lys te wees.
Jy was nie op die lys nie.

Jy het jou gaan aanmeld en toe die dame agter die loket vooroorbuk
en jou naam vra het jy 'n kans gevat en "Arkadi" gesê, dit was
die eerste woord wat by jou opgekom het. Sy was verbaas agterdogtig
en het jou gevra om dit te herhaal. En toe het dit tog gewerk!
Deur die valluik het sy 'n swaar slang aan jou oorhandig,
ligter van kleur en met vlekke groen en liggeel, en jy het besef

dat dit daarom 'n jonger slang moes wees. En 'n wyfie.

Jy hou nie van slange nie, hulle laat jou gril. Hulle is vreemd
en uitdrukkingloos en koudbloedig.

Jy het die slang in jou arms gedra, sy het haar oor jou skouer
en om jou nek gevly.

Jou vrou en dogter was ongeneë om hierdie permanente huisdier
te verwelkom. Maar die slang het toenadering gesoek,
met 'n flikkerende tongetjie het sy allerlei dinge in jou ore gelispel
wat jy dan aan jou dogter en jou vrou oorgedra het. Sy het vleiende
opmerkings oor jou dogter se rok gemaak, die noupassende Chinese
een met die splete tot aan die dye, totdat hulle harte vermurwe het.

En daar was 'n onaardse lig. So asof die son deur 'n dempende lens
moes skyn. Iets was aan die gebeur. Oor die radio
was daar onheilspellende berigte. Die geknetter en gekraak
was egter sodanig dat ons nie die betekenis kon uitmaak nie.
Teen skemeraand het jy en jou pa buite op die werf gestaan,
die slang was swaar en glyerig om jou nek, en ons het opgekyk.
In die hemel waar daar nog lig was soos op 'n teaterverhoog
wanneer die saal reeds in donkerte gevou is, het ons 'n groot
kriewelende en tuimelende wolk gesien.

Dit was van 'n liggroen giftige kleur en deurstraal met donker strepe
en hale, dit was asof ons na 'n enorme deursigtige organisme
gekyk het waarvan die patroon donker hale die innerlike struktuur was.

"Slange," het jou pa gemurmel.

"Waar sou hulle vandaan kom? Waarnatoe is hulle op pad?"

Ons is gewoond aan reisende bevolkings en swerms wesens –
sprinkane, trekganse, digters en ander ongedokumenteerdes,
engele, vliegtuie – wat seisoenliks bo ons koppe deur die lug beweeg
op soek na lig. Dit is die sleepsels en die tekens van wêrelde
wat ons nooit sal ken nie.

Waar sou die slang moes slaap? Jy wou haar eintlik nie in die huis
hê nie, jy wou ook oomblikke geniet wanneer jy intiem met jou familie
kon omgaan, waar ons fluisterend en dringend kon skinder
sonder die alewige teenwoordigheid van die slang swaar in jou arms
en oor jou skouers.
Jy het gedink aan die kis op stelte buite langs die pad
wat by ons werf verbyloop, die posbus groot genoeg vir die aflewering
van koerante en boetes en melkkanne en tweedehandse digskrifte.
Dit sou 'n ideale nes wees.
Maar toe jy daar kom was die ou egpaar bywoners
wat ons al sedert jare aan huis geneem het besig om die kis
se deksel af te haal en alles skoon te vee. Die ou man was op die punt
om vir sy vrou te verduidelik dat dit ideaal geskik sou wees
om snuisterye en kos aan te bied vir die verbygangers, mens moes iets
probeer verkoop om te kan oorlewe – eiers, seeskulpe, drome,
beskuit, katalekte, handgehekelde doilies . . .

Sy sou dan gekrul om jou nek moes slaap of in die holte van jou arm.
Hoe ontlas slange? Moes sy nie ook urineer en evakueer nie?
En sou dit nie die lakens bevuil nie?
Haar vlytige en gesplete tongetjie het ongelooflik vinnig
na buite en terug in haar donker bek beweeg,
maar sy het niks gesê nie.

En in die onwêreldse oggendlig buite het jou pa dit bevestig.

Sy gesig was bleek en styf. In die nanag terwyl jy nog geslaap het met die slang teen jou gekoester was die radio-opvangs meteens helderder.

"Moskou het grootskaalse aanvalle geloods," het jou pa berig.

"Ek het dit oor die eter gehoor.

Vierhonderd vier-en-veertig moskees is al vernietig."

om die wêreld te kan sê

om die wêreld te kan sê
om die pad te onthou
wanneer die gedagte aan
die groot vergeet voor
nog 'n aanloklike avontuur is
om te luister hoe groei die boom
en die wind se rondinge met die hand
te verken
om te weet hoe vreet
die vernedering van armoede
en die verdriet van mag
om met 'n vinger die bloed
te proe en te skryf
om die wordwoord se gesig
te kan teken
om bestaan te sing en besing
dat die sin van syn om te lewe is

bardo

in die binneland
die vroe-oggend tuin
van die huis waar hy oornag het

met die na-nag het 'n hond
vir die oggendster geblaf
en die bleek vinger bo die berg

nou is die struike
in mis gehul die gladde
glinstering van water in vore

met dag word alles geskroei
tot dynsende afstand en 'n valk
sal die hemel se huise meet

ook die mank voël onthou stuk-stuk
soos papier en lappe
teen 'n draad vasgewaai

van ongebore kinders sterre
in 'n verskiet van lewensbewussyn
die handwuif of die silwer knik in die oog

van vriende wat selfmoord moes pleeg
dat hy ook eens ouers gehad het
al het hy nou hulle name vergeet

van meisiegoed met sagte
ronde buike en die hemelse geur
van gelaventelde skaamsplete

hy sal woorde onthou
hier een en daar een soos weeskinders
wat met mekaar wil rym

so soos die wêreld
vanaf die begin
'n versinsel was

teen die einde onthou die mank voël
musiek in binneplase
en 'n wind

langs die berghang af
net voor dagbreek
hoe soel en soet dit was

en dat jy revolusionêr betyds moet wees
om jou toe te spits
op die vleisie en die wyn

verhouding

die skuinslê van die hart
o die skuinslê van die hart
die ou se naam is Pieter
tant Marta weet van smart

die swelling van die bors
o die wit hond van die bors
die woestyn al lank so oud
en hy lankal so dors

brief

'n minnebrief in rooi ink
vinke in die boord sing
vergane voorgeslagte se verorberde
vrugte, 'n dronk wind
skuins in die hoogste toppe

die verdriet van 'n land
waar mynheuwels soos yl
praalgrafte 'n vervloë weelde
in die vergetenis versink
onthou-my-brief in rooi ink

vaarwel, altyd vaarwel
as vertaalwolke beginwinter speel
wegloop se hol voetstappe klink
in duisende kamers nooit betree
'n afskeidsbrief in rooi ink

ontmoeting

ma, pa – na leeftye van reise
is ons weer saam in diesélfde huis
se donker kamer, die lang koel gang
met aan die punt 'n kombuis
waar mens nog koffie en speserye
kan ruik –

"Hannes," sê my ma
in die skemer glim haar lyf
"ons moet gaan"
en hy wat met die agterdeur
se sleutels vroetel

hoe kom twee oumense oor die weg?
hoe moet hulle maak om met mekaar te praat?
wat laat vervrugde harte se beleefdheid hulle verswyg?

twee afgeleefde lewens geheg soos geheime –
ma vooroorgebuk op die rand van die bed
om haar kouse aan te trek,
pa met die regop bolyf in die stoel
en 'n mond vol somber gemompel

om te dink dat na leeftye van reise
my tong julle name my vingers die reuk
van julle hande kon vergeet

maar toe ons na buite stap
het ek julle eensklaps verloor soos lig
tussen geel bewegings van taxi's
en bulkende trokke
en die dans van wolke se verbygaan
in die wande van Toringstad
se verblindende glasdrome

wat moet ek nou maak met die tas en die bondel – ma, pa?
die ruikers woorde gepluk vir julle in hierdie papier?

"die afwag van die laaste woorde"

toe ek 'n kind was
te arm om 'n branderplank te bekostig
was dit die begin van 'n lewe
van lewenskragtige avontuur
om golwe met die lyf te ry,
te wag vir die grote,
en met vinnige hale die brekende kim
te vang om kop tussen die uitgestrekte arms
tot op die sand te spoel
weer en weer,
te wag vir die grote,
totdat jy vermoeid met geskeurde lyf versuip

nou is dit nog so
om die kruin en kindsheid uit die donker nag
te vang
gedagteloos onder 'n wentelende tonteldoos sterre
solank die gety nog hou,
te wag vir die grote,
te ry totdat die water van 'n verdonkerende son
die afwag van die laaste woorde wegspoel
en die longe verstik aan asem soos aan water

"die verwoeste hart 'n geplunderde huis"

soos om jou vingers een vir een te verloor /
jy is verdwaas oor die bloederige verband /
die afwesigheid sal heel, die wond (en die woord)
genees / maar jy voel dit wat daar was soos 'n wysie /
voor die klavier sit jy en kom agter
daar is sekere akkoorde wat jy nie meer kan speel nie /
en in die nag weet jy dis al hoe moeiliker
om die swartwit jeukplekke by te kom /

op reis probeer jy lomp nog die stuurwiel vashou /
jy laat maak vir jou 'n nuwe snyerspak klere /
trek dit aan om 'n foto te laat neem
as herinnering aan die wegval van vriende
een vir een / en staan dan
met jou stomp hande agter die rug
soos littekenwoordeboeke /
jy sukkel om jou horlosie op te wen
en kan jou skoenveters nie meer vasmaak nie /
in die appelboord is wat oorbly van jou litte
so dom soos molle / jy pluk en eet
die vrugte in jou geheue /

voor die klavier sit en pik jy
'n liedjie met een wewenaarvinger
soos met die pen oor 'n kaal bladsy
> *au clair de la lune*
> *mon ami Pierrot . . .*

"betekenis val in nie-bestaan"

ek is nou te oud om nog kwaad te word vir dié
wat my in die steek gelaat het, die lafaards,
hulle wat soos kaalgeplukte hane en henne met die kroep
in die heining gekak het – Eva, Rutger,
Rob, Daantjie, Loup, Johannes, Jan Biltong,
Broer Gabba . . .
weggekanker of strop om die hals –
ek kyk namens julle na die eerste lenteblare in die bome,
die vaal hemel wat skitterend sal verbleek tot blou,
die wit bergpieke wat soos as hul skerpheid in my geheue verloor
want al wat aarde is draai na 'n nuwe seisoen van lewe,
en wat ek sien is omsoom met spyt se donker gloed . . .
en wat is die sin van sien nou julle nie daar is
om dit met my te deel nie?

ek drink my wyn en maak my aantekeninge, soek
na gepaste vergelykings om die verdriet van belediging
uit te druk . . .
julle het die lettergrepe saamgeneem vergetelheid toe
nes dorre ekskresie in die heining –
en kyk na die mense wat oor die aarde loop
uitgehonger vir sin . . . dis nie my mense nie –
sal die brandgatwoorde ooit weer
pas in papiergrafte waar die uitreik na betekenis
val in nie-bestaan?

"Here is a forest-like eternity. Guard it . . ."

Kyk: wanneer die groot wit metropool sluimer
met die slaap van regverdiges dik gevreet aan beskawing
wat op alle antwoorde voorsiening gemaak het
tot in die verste vergeet,
wanneer die nag soos 'n woud van ewigheid
die buitelyne van bewussyn laat tier in ink –
dan sluip 'n man deur die doolhof.
Uit die dieretuin bevry hy versigtig 'n olifant
en sáám beweeg die twee deur donker strate.
By die wolkekrabber in die hart van die stad
(*Die Hoofkwartier Van Goeie Gewete*)
klouter die man op die olifant se rug.
Hy trek al sy klere uit sodat sy donker lyf
so onsigbaar soos 'n skaduwee mag wees in die duister.
Sy hand onthou dan die vlinder se vlug.
Sy hand onthou van beweging.
In sy hand bloei die wond vir 'n oogopslag.
En hoog teen die muur skryf hy die geheim:
AFRIKA LEEF!
(Met sy hemp vee hy die olifant se trane uit.)

"wie sal staan / die laaste in die baan?"

toe ek by die lesingsaal kom
sien ek hoe koppe in my rigting knik,
'n alleswetende smaal of twee,
hier en daar iemand wat agter 'n hand lag
asof hy weet wat om van die hond in die bos te verwag:
wie dink die mense is ek – dalk Breyten Breytenbach?

met die voorbereiding vir die voordrag om te begin,
terwyl tonge nog sag teen verhemeltes klik
op soek na die soet murg van skinder,
het ek met 'n ingehoue snik
besef dat ek hom jammer kry

maar toe hy op die verhoog begin pronk en praat,
met moeitevolle mompelstommeling 'n saak probeer maak
vir die dubbele ontkenning van betrokkenheid,
toe ek sien hoe hy hom verlaat
op die tweelediging van vergestalting
(en vergeet van die suiwer lig van sing),
hoe hy sukkel om gedagte aan beeld te lap,
het ek besluit dis beter om hom sy eie potjie te laat krap
en ruim genoeg te maak as graf

arme drol / so vol / hol-te uitinge:
laat hom kordaat sy uitleg begaan.
ek gaan nie
in sy plek
probeer staan

kleinreis

("om te kla is om van jouself te skinder")

klein reis: 27 Okt. – 1 Nov. 2010

"Memory, says Borges, is very much like forgetfulness.
It comes into and fades from focus." – Ben Tery

die dood moet soos 'n voëltjie wees
wanneer aandlig daal om die breë vloei
van die rivier in donkerwordende goud te doop,
en die voëltjie val
en dryf in 'n nag van sterre

*

Op die platteland in België
Het ek deur die treinvenster
Gesien hoe mooi en fleurig
Getooi 'n begraafplaas is.
Dat dit liefdevol soos
'n Groentetuin bewerk word.
En waarom sou vleesakkers
Nie groentetuine en blomtuine
Wees nie? Die behoefte
Aan voedsel en aan skoonheid
Word al hoe groter
En die mensmesstof en toegewyde
Aandag is dáár.

*

plant bome, struike, dié wat vinnig groei
om die grond waar ons asse en ander weggooi
begrawe lê die skyn van vastigheid te gee
ons gly so maklik weg in die vergetelheid
maak die paaie wyer as dit moet
dis goed dat mense op en neer kan loop
maar bou 'n heining of span 'n draad
óm daardie walle waar ons beendere
soms glinsterend uit die aardkors breek
sodat verbygangers na die toekoms
nie hulle voete sal sny met sterfskerwe nie
trek vir hulle spoggerige klere aan
geel baadjies, onderrokke met kant
om die naaktheid te bedek
terwyl hulle hier op en neer loop
asof niks ooit gebeur het nie
en alles vir altyd aan sal hou

*

Europese stede
vogtige keie
lug 'n somber poep
dwarrelende blare
is die goud van vertederde gisters

*

Die ou digter en die jong digter sit aan tafel, flets lig val oor die
donker blad. Pura, die Meksikaanse vrou wat nou byna opgevreet is
deur kanker, sy's so petiet soos 'n verhongerde mossie, net haar oë
gloei nog groot van tussen die versreëls kyk in die dood, haar laaste
opdrag is om vir haar seun wat 'n baritonsanger is 'n reeks *lieder* te
skryf, het vir die ou digter vertel hierdie jongeling se totale doofheid
kom van pampoentjies wat hy op sewejarige ouderdom gehad het.
Die ou digter sukkel om die jong digter se uitspraak uit te maak.
Hulle speel 'n spel van name, van tye en getye en tradisies en klank
gedra deur eeue se gedigte. Hóór die jong digter enigiets? Die name
word geskommel en met skreefogies beloer, word triomfantlik soos
wenkaarte op die bladspieël uitgepak.

"Wie is jou geliefde skrywers?"

"Vallejo. Lorca. Szymborska. Mandelshtam. Du Fu . . ."

Elke naam bring 'n snoer van verdere name.

"Ek gee vir jou twee Russe in ruil vir jou Chinees . . ."

"Wie is die digters wat jou aan die skryf sit?"

"Ha-ha-ha. Kavafi. Tsvetajewa. Celan . . ."

"Vertaal jy self jou verse vanuit Russies na Engels?" vra die ou digter.

"Emily Dickinson het deurmekaar geraak met die grammatika, sy kon
nie alles in die reëls insper nie," antwoord die jong digter.

"Hou jy van Ritsos en Montale se werk?" vra die ou digter.

"Dis dalk waar," antwoord die jong digter. "Maar Borges se verse
werk goed in Russies, juis omdat dit so donker is."

"Ken jy die werk van Lucebert?"

Sy donker oë is op die ou digter se lippe gevestig asof hy nog nooit 'n
mond van naderby gesien het nie.

"Ek kom van Odessa. Dis Babel se wêreld. Ek moet alles vóél."
Is daar enigiets wat die jong digter kán hoor behalwe gedigte?

*

Toe die strate glimmend nat is buite in die donker nag lees Ilja
Kaminski sy versreeks "Dowe Republiek" voor in die barok
teater(t)jie La Bonbonnière waar blou en pienk verf afdop
van die lyste se krulle. Eers het Elfi Sverdrup haar vreemde
klankkonstruksies soos klonte voorgedra, die brullende opbreek
van winde met asem soos 'n duiwel se vloeke uit haar derms en
buik totdat dit vasslaan teen die verhemelte. Een so 'n knorknaag
in die keelvel kom as dialoog van Inuït-vroue wat met diep
asemontploffings wedywer teen mekaar en die een wat eerste lag
verloor. Daarna resiteer Michael Krüger die brief wat God in die
hemel vir Marx geskryf het om te vra hoe dit gaan en waarmee hy
hom deesdae besig hou. Marx hou nie van Bach nie.

En nou is dit die groot, lomp, dowe jong Ilja se beurt. Hy buig sy
aansienlike bolyf in die losse trui oor die mikrofoon, haal sy bril
af en bring die bladsye tot dig aan sy oë. En begin skandeer. "Hy
praat nie soos 'n dowe nie," sê Pura. "Hy verwóórd doofheid."
Aan die begin kan mens nie uitmaak of hy in Russies of Engels
lees nie. Sy stem klim soos dié van 'n wenende wolf. En tjank.
So het Brodski ook gelees. Dit moet 'n bepaalde Russiese ekstase
wees. Vroeër die dag het hy gesê Brodski se raad was dat indien jy
in die Empire lewe dit ver van die hoofstad moet wees, by die see.

*

<u>Terwyl haar man slaap, vertel Sonja 'n storie</u>
(*verwerk uit die oorspronklike van Ilja Kaminski*)

... reg in die pad van die aankomende trein
naai 'n vrou en 'n man in die sneeu.

Oorweeg dit, my siel, hierdie tekstuur van koppigheid en wees stil:
terwyl sy sak en styg bo hom in die lug,

begeer hy haar en hy begeer haar nie, hy wil haar hê
met die belofte van daardie volheid.

Oorweeg hierdie aankomende trein
waarin die kondukteur fluit, die klok lui en skree

asof hy weier om te glo hulle is doof
Oorweeg, my siel, die doofheid

en die man, sy aardse voertuig.
Die trein hou stil, die kondukteur fluister

Mag julle die lotery wen en dit alles uitgee op dokters!
Die vrou trek haar jas reg, en lag –

"Een van ons moes eerste stop, meneer. Ek kon nie."

*

Met die skielike koue vlamme van herfs begin *gesels*
bome teen die beboste heuwels met mekaar in so te sê
'n knettering vurige herinneringe. Spatsels woede ook.
En baie berou aan liefde.
Voor die stomtyd.

*

gister was ek Joego-slaaf
vandag is ek Belg
môre is ek 'n engel in die hemel
onverdeeld van onder tot bo

*

bo die slaapslangrivier
tussen geel en rooi bome
uitgeputte mynhope
piramidegrafte vir die armes

geen swart vlees
meer gepeul ondergronds, net
skagte hol aanwesigheid
ook in dorpies is skoorstene dood

*

<u>die digtersfees</u>

kyk na die digters
hulle kom uit verskeurde lande
met kole in die oë
en neergestuifde skilfers op kraag
en mou, sommige het vlae
van betrokkenheid geviervou
tot die inperking en samevatting
van 'n teks in 'n skraal bundel
wat hulle onder kalklig vanaf 'n kateder sal mompel
vir 'n yl gehoor wat niks verstaan nie

kyk hoe hulle met lomp danspassies
al sirkelende mekaar probeer bekoor
hoe hulle in romantiese verblinding
soek na die verleiding van die ander se lyf
hoe morsig en kortstondig eensaam
is die liefde

luister hoe hulle luister na mekaar
se voorlesing uit verse
asof dit die belangrikste nagnuus is
wat môre vroeg fladderend
sal wegvlermuis tot niks
slaap piekanienie die vee's in die kraal

kyk hoe vergas hulle mekaar
met gefatsoeneerde klankdrolle,
'n familietwis, ontroue bemindes,
vergete vaders, 'n grepie onderdrukking,
die versugting na stilte in die grond

kyk hoe drink die digters
die drank wat ander betaal
observeer die skeefgetrapte skoene
die liprooisel wat bysiende aangeverf is
hoe hulle op die toilet die blokkiesraaisel
probeer invul van die koerant
wat gratis voor die hotelkamerdeur gelos is

kyk hoe onthou die digters die name
van dese en gene wat laas jaar
nog hier was gekruk op 'n kierie
of laatnag besope en natgepis in 'n gang

kyk hoe belangrik is die digters
elk voor eie spieël
wanneer die gloeilampie swak is
kyk hoe dun is hulle beursies
kyk hoe vernaam neem hulle afskeid
om te verdwyn in 'n reële wêreld
onsigbaar soos bedelaars
met geheime opdragte
wie se stemme nie gehoor mag word nie

klein reis as stippelkoei van 'n jaar se weggaan-fragmente en hoe die pampoen vrot geword het

('n *nostos*)

"The poetic fact pre-exists" – Ezra Pound

*

Ons het die koerante gelees. Baie.
Elke oggend het gekom met 'n lading
geweld, verlies, droefenis, verwondering,
magswellus, paniek, intriges, bloed (baie bloed),
ekstase, leuens, oorloë en gerugte van oorloë,
dooie bergies en dooie dassies –
lettergrepe wat mekaar te lyf gaan
met die kapmesse van wanhoop:
die neerslag van ou-ou verbranding
            en van donker chemikalieë
het ons hande met nuus bevlek

*

agter ruite buig die wind
wolke en see se wit fronsnate
na 'n ander diskoers

die tyd van vye het gekom
en toe die druiwe, en gegaan

'n afskeidsvers as koei in die sloot
waar ons om die tafel sit
om saam die vis en die brood te eet
en die wynglas in 'n ritueel van vertrek te lig
sodat son soos die bloed van tye 'n laaste keer glans

en ons weerkaatsings in die ruite gesien
dansgebare maak

tot siens, tot siens
(*goodbye Koos, goodbye*)

*

ons sal vlieg: trekganse
in die ryspapierruimte
van 'n ou skilder op die knieë

in die nag
wat 'n verbeeldingsvlug is
sal ek aan julle dink

*

want om so oor Afrika te vlieg . . .
hierdie droewe smeulende landmassa
hang 'n kropgeswel aan die hart
met ver benede die geflikker
waar swewende metaaldrake
                dood spuug
en ander gepantserde gedrogte
                    mure verpulwer
en dooies op straat bewegingloos dans
in verspotte posture en met
                  opgeblase pense

klein is hulle soos karakters in reistonele
van die ou Chinese meester
onbenullig soos daardie miere
                    wat die ontbindende vlees
woord vir woord sleep
                    na enklawes van verorbering
                    onder die soetdonker aarde

*

o die lewe is onvoorspelbaar
alhoewel dit al hoe meer voorstelbaar word
hoe langer jy lewe   tot by omdraai
totdat jy die spel en die spel verleer
oorstelp deur die duiseling van dansende engele
op die speldekop

*

(this desert country / where every shadow / is a bird of comfort/
for the unhinged poet)

*

die dood van jou vader
hy is lankal oorlede
sy dood bly jou by
as 'n onderhuidse hede
'n voortdurendheid onder lede

is soos 'n smeersel diepkennis
wat lankal in jou brood
gesyg het
en soek jy nou 'n soetigheid
van woorde
om daardie smaak
onsigbaar in die mond te maak

die lewe is
sluk vir sluk
'n skryfskytoefening

weg van hier waar Suiderkruis se knypers
soos passers die oneindigheid
van die ewige nag afmeet,
na 'n ander halfrond
na die versteende denke van grys stede
na 'n ander hemel
waar die môrester 'n bakenvlam is
wanneer die ganse werf
swymel van jasmyn

en in die verte pieke wit rook
bekots met hoogte-asem

*

die dralende geur van lindebome
wat reeds hul bloeisels afgewerp het
oor die sypaadjies
verleë ligte leë ooglede
en in ander strate lilatakke in blom
ligpers oor mure getros
om af te loer

*

all is well
the moon in well
swelling a wet baby

moon is round
I shit a pound
talk to the hound
tomorrow sound
s'truth

*

daardie rookpilare oordag
en die vuurkolom in die nag
van die woestyn
dui die krematorium aan

dis goed dat alles wat ooit lewe was
nou die medegeleefdes se roet en as
is in die woestyn
om die soete weg te verlig

mens wil immers nie afdwaal nie

*

hoe ek vorentoe leun in die kompartement met my hand op haar
knieg so asof ek haar sou ken om my ganse lewensverhaal vir haar
te vertel, dringend, wie ek is waar ek vandaan kom hoe ek tot hier

gekom het ek weet nie, hoe die woorde uit my tuimel en stort
terwyl die reis se onverbiddelike onsamehangendheid buite verby
die donker nagtreinvenster swiep – gloeilampe soos smeertrane,
bosse, klosse dorpies, 'n peillose nag, die stofmaan, duisternis vol
lewe, alles wat wieg en skree soos 'n trein se fluit; hoe sy toe ek niks
meer oor het om te sê nie en vorentoe leun in die kompartement
met my hand op haar knieg so asof ek haar sou ken, nou leeg gebieg
met 'n tong wat te veel geword het in die mond en reeds nie meer
weet wat was lieg en wat verbeeldingsklanke met die verhemelte en
wat die onsamehangende onverbiddelikheid van 'n nag wat verskiet
in die niet nie, hoe sy wegdraai van haar afbeelding in die ruit die
kombers opgetrek tot aan die skouers van haar knopperige lyf so
asof sy bang is ek sal die vere sien, om haar oë so groot soos dié van
'n uil agter die blinde brillense na my te draai en te sê: I'm sorry.
You'll have to come again.

*

nou dit reeds laat is
onthou ek dat ek 'n paar indrukke
wou skryf –
hoe die maan gekantel het
en paddas kraak in die vywer
en hase en muise en wildeswyne
en geeste skarrel in die bos
en nou ek dronk van whisky is
onthou ek dat ek iets van hierdie dag
wou onthou om nie te vergeet nie –

dat die dag lig en vol kleur was
dat ek geskilder het
dat my hart gebrand het
van vreugde oor die lewe
van Mikis Theodorakis –

dat ek trots was op die verdraagsaamheid
wat dit vir my moontlik maak
om myself waar te neem en vergesel
en te geniet
deur die lied van 'n paar indrukke

*

ken jy die stil vreugde
en eerbiediging
van 'n ronde ou-heuningkleur
koekie seep
in 'n vaalwit bakkie
met net genoeg groenerige skaduwee?

ken jy die nederige geskiedenis van son
en wind
van die skille onder die tafel
op die meester se doek
wat vertel van geloofsdade en wonderwerke?

weet jy dat speserye gebruik is
die naeltjie, die kaneel
om die vleeslike teen verderf te bewaar
en binneplaas en stoepkoelte daar is
om te oorleef teen hemel en woestyn?

*

niks saliger as dit
middernag verby
die maan byna vol
skerp reliëf van donker bosse
swaar en stil met voëls
en werf gebaai
in helder lighoofdige sluimermymeringe
van die ewig bestaande afwesigheid van son
die geur van jasmyn
groen sterre
en skielik weer
iewers uit die heuwel
jakkals se rillende tjank

*

my mense, nou dit aand word
            oor die wye land,
nou die geritsel van vlerke soos die klik-klik
            van 'n droë rugstring is,
nou soek ek julle wat name gehad het
en gesigte en hande en die warmte van tonge

ek het julle so lank in die woorde gelê,
voorgelê en vasgemaak,
dat die smaak van grond en son vervlieg het
en net die versuikering van beweging oorbly

verskoon my, julle wat nou skoon is
    van alle vlees en tekstuur
en vergun my om oplaas saam
    met julle te vergaan,
één en afwesig gestroop te word
    van geheue
in die skuur van oneindige reise

*

elke dag is toegooimooi

*

eers dán
by volmaanhelderheid
as onthulsel van stof
se stilte oor die werf
wéét jy vlees is pampoen

Blackface Buiteblaf
15 – 16 September 2011

klein verdwaalreis van vignette en vleugsels: 26 – 29 Oktober 2011

"What a blind, good-for-nothing death" – Nazim Hikmet,
Letters from Chankiri Prison

*

dit is goed
wanneer die reis jou skryfbegeleiding is
om oral die vreemdeling te wees
jou medevlugtelinge uit die hoek van die oog

                                    dop te hou

te luister na hulle tale
soos skille óm vlees se stadige groei
en die vinnige bloei van ontbinding
wanneer daar herkenning is
die reuke op te tel
te sien wie vlei vir wie en wat
om die liggaamsomvange op te weeg
die kepe in die gesigte te lees
as nagkaarte van beweging
en die swinke in die heupe
die voeë en die nate
'n vinger te doop in die hartjiesgrasvog
waar vinke klopkroppie kom drink

vir die skryfiger op pad
speel alles af teen die driftige draai
van 'n verbyvlietende décor

van bloeisels en berge en fluitende gesigte
en stede met katedrale en krotwyke
waar honde soms aan kinderlykies kou
die sagte glibberigheid van derms
tussen skille en gespikkelde gedagtedoppe

en al hierdie inkomstes en uitgawes
reël vir reël in jou swart notaboekie
                                  in te bed
soos die mate van kiste
die koste van blomrangskikkings
vir die aankomeling op pad –

die skrywelaar op pad is tog lewensbesorger

*

en asiel aan te vra
in die vreemde aarde van die gedig
d.w.s. om lysies te maak van alles
elke vark en elke aronskelk
wat ooit bewerig gelewe het
en sodoende God weer te verf
in haar swart voltooiing

*

wanneer jy dit vir die eerste keer ontvang
die sing van die verbeelde ding
dit kan 'n woordstring of 'n beeld
of slegs 'n dieper flervlerkfladdering van asem wees
iets wat teen die ruit van jou slaap vasgevlieg het
of die ander geforseer uit die oopsper
        van jou geheue aan die volbringing van niks
iets wat asemloos kerm om uit die modder en die mik te gebeur
en riet te word

hou dit vas / laat dit lê
voorlopig
voorlopig is daar geen haas nie
want jy weet nie wat en óf dit is nie
as dit *moet* sal *dit* van self vorm
of die versigbaring van omgewing kry
om te oorlewe
of in die plek van te lewe
of om 'n skaduwee te vlek
        in die plekke en vertrekke van die lewe
oopgevou en/of toegedraai
bloederig of blink
vroegtydig soetstink van binne

moet dit nie ontaard of seermaak

                met slapriemryme

of ritme nie

die riet het immers nóg rede nóg roete

en *vang* kan jou té klokhalsend voortbestem op binding

lei na *slang*

oopgevou en/of toegedraai

bloederig of blink

van binne vroegtydig soetstink

byvoorbeeld deur uit vertroude moue

woue van vergelyking se vlak máák te trek

sodat selfs beweging aan die heimwee

           van herhaling gehang kan word

soos bokblêr of bokkoms aan 'n draad

met genoeg spanning tussen afwesigheid en groei

sal daar van self 'n draad wees

wat jy kan maak of jy volg

tot die teenwoordige tyd van *gedig*

as die aangesig van verbeelding

wat dan versigtig verder verken mag word

met die vingerwysing van blindheid

as konsepsie / inademingspirasie /

inligting wat spiraal uit die niet

se stasis en stasie en grasie en die geraas

van dit wat jy peristalties vir die eerste keer ontvang

*

hierdie dag sal sterwe / probeer vang
dit in die lang aaneenlopende refrein / hierdie
dag sal sterwe / die vrou met rooi hare op die sypaadjie /
wind in vasgewaaide stilte blaai deur trotse bome
sodat kruine skud / gee 'n datum aan jou skrywe /
jy sal die lig probeer vang en lêmaak op doek / opgedoek
en ingeboek in die saadbevlekte verbande van koue woorde /
dooies steun in die aarde / hierdie dag wat nooit weer
terug sal kom nie / en jy weet dis nie joune nie / die sterwe
is nie joune nie / en jy weet dis enig en altyd / dat dit uit
jou sterwe gebore is / die vlamme in die nag waar die dag
se lyke verbrand word / sterre is verskietende vonke /
ons dra die gene van die dood
maar ook die dese van die lewe
terwyl daar elders gesterwe word / en die opstande
en die vlae en die wit wonderwerke van besoedeling /
ek wil hierdie dag in my woorde wieg / ek is jammer
ek is so jammer / hierdie dag sal sing en sterwe /
dit wat die kringloop van seisoene se gang en kringkennis
huisves / dit wat 'n herberg vir voëls is / dit wat skuiling
en holtes bied vir drome / wat na gras en olie ruik / wat
'n rooi smeersel aan die aand kan gee / hierdie dag
sal sterwe

*

Es Semara
Choum
Tan-Tan
Taoudenni
El Saouin
Essaouira
Taroudant
Ouarzazate

*

onheilspellende hitte
en wind hang bewegingloos in die bome
van die groen kloof
waar jy 'n halwe klip optel
perfek soos 'n skip uit droomstiltes gesteen
wat hier kom uitspoel het
om in twee te breek
diep in die binneland

*

ruimte 'n hol bladsy in die tuin:
jy het jou leë manuskrip in haar skoot gelê:
vir miere is dit wat oopgaan 'n labirint:
op die bergtop was 'n myn
en die hart 'n klaagsang

alles is mooi, alles is mooi
en sal nooit voltooi word nie

toe het die donker wind gekom

*

deur die nag gekom / op 'n draffie /
en in jou eie pad beland soos 'n ou hond /
verontskuldigend: dis nie *jy* wat stink nie
maar *hy* / en die blindeooghond aan 'n tou
om die nek vasgehou teen rukbewegings van die trein
in die tonnel vorentoe / gesien hoe hond
se oë glim in die donker / vir hom vertel /
het hy vir *jou* vertel? / het hond jou aan die vertelvel
van lewe laat ruik? / was daar ooit enige gesprek?

deur die nag gekom / drome is die tjankende stertswaaiers
wat die dood opgegrawe het / die gesigte wat was
onthou soos 'n vleugie parfuum /
tot siens tot siens
goodbye Koos, goodbye /

die pa se hoed en die ma se bril en die vure op die heuwels
en die brood in die sop /
en die jongmans kinders nog in die skootsoeke
verewiging van die dood /

deur die nag gekom / oor vreemde lande
van naam na naam / met die tong 'n opgestopte voël
al met wie jy nog kan praat
al wat oorbly dat dit lig word
al wat oorbly dat sterre warm kristalle was
al wat oorbly gedagtes donker bome skerp
afgeteken teen oneindigheid /
deur die nag gekom /

vat die ou hond huis toe
dat hy erkentlik jou hande kan lek
want jy sal die oorskot van self
die blinde oog die verstarde gryns
weer onder hierdie werf woorde begrawe

*

Soms gebeur dit dat ek in 'n oomblik van waansin,
van afwesigheid na regte, glo ek is nog so soepel en sterk
soos voor veroudering se afwesigheid my betrek het.
En hardloop aanhaal haal aan met 'n lang paal om *bo-oor*
die hoë grensheining te kan spring.
Maar aan die ander kant is 'n diep gat van seker meer
as vier meters met afmetings van om en meer tien by vyf,
waarin ek beland.
Die stilte is dié van 'n totale afwesigheid van klank.
Dit moet woestyn wees reg rondom bo want daar is die reuk
van barheid en van sand.
Wat maak dit saak of dit nou 'n ander land is waar vryheid
en gelykheid in vrede leef? Ek trek al my klere uit,

die netjiese pak en die hemp en die das en die skoene en die kouse
en die vars onderbroek, en lê dit gestapeltjievou soos 'n manuskrip
in die een hoek.
En sit of lê kaal om maer te word altyd teen daardie wand
van die gat waar 'n strepie skaduwee na gelang
van die son se verspreidende brand beskerming bied.

Soms skuif wolk- en ligpatrone deur die eindeloosheid
bo sy gat. Daar is nooit trekvoëls in die hemel om met vluglyne
oggend aan aand te snoer nie.
Ook geen sandjakkals of voorgeskiedelike nomaad
met die skarifikasie van heiligheid oor prominente wangbene
om ondersoekend of agterdogtig oor die rand te kom loer
en die verdonkerde mens met baard wat sy gesig uitgevee het
daar te sien lê nie.
Net kakkerlakke, of miskruiers, of kadawerkrieke,
in ieder geval groot potige insekte met voelers en glimdonker doppe
wat aan die begin van naderby ondersoek instel, kom verken
oor die vel, en toe gewoond geraak het aan die mens.

Daar is onverwagse keiserdomme van lewe ondergronds
ook waar daar geen lig of vrugbaarheid is nie. Wurms
en krummels en gangetjies en vertering en voorkamers
en blinde koninginne opgeberg in vraatsug en beskerming.

Die man se ekskresie het soos die seisoene weer deel
van die somber aarde geword.

En nou was daar al lankal niks meer om te kak nie.

Wie sou hulle ook kon steur aan die gemurmel
in die andersheid van taal, af en toe op 'n sangtoon,
van gedigte en beswerings en slaaprympies?
Wat sou die sin of omgewing kon wees van die woord *ek* –
soos 'n droë hik of snik in die keel, soos 'n hek
tussen niks en niks?

*

jy skryf 'ek'
soos die hand 'n voëltjie
van papier sou
vou as origami
van vuur

*

*That which in an apparent paradox constitutes inventive writing
is when the writer sticks to (or rides) her or his point of view
by penning down what he or she <u>knows</u>. ("I have seen another
world: it is <u>this</u>" – Paul Celan.) Writing to the known is then
an exploration of a state of mind, of the states of the mind. For
the point of view is both the position from where the journey
starts and a direction or a sweep, a pointer to the ever-expanding
unknowable. The point is that the mind contains everything that
ever was in more or less memorable manifestation – not as the
unique making of uniqueness, neither the containment of contents*

nor the concealment thereof, but as an awareness of movement. This enactment is known as "the rootlessness of the one-legged dancer." – Ka'afir

*

om te oorlewe in die uitmekaarval van dae
die digter versmorende weefselpatrone van nagte –
elke dag genadebrood
en saans soek jy makkers om die brood mee te breek

dat ons net 'n oogwink stil mag staan –
hoe wonderlik mooi en eensaam onmeetlik
hierdie planeet!

*

jy het alles gesien
dit was 'n vlokwolk
soos gedagteskaap
of die uitgepluisde engel
bo blou onmeetlikheid van die see –
en skielik was ek dood
en skielik was jy vry

*

woestyn maar net
'n binnelandse see van sand
met meer rimpels,
ouderdomsvlekke en wolkskaduwees
soos skole dooie visse,
en meer leegte

wanneer dit van bo gesien
in afstande waar sien wegraak
te veel na 'n patroon begin lyk
'n reguit lyn van donkerte,
dink jy dat dit mens-
gemaak moet wees
in hierdie land van lugspieëling

en wanneer jy oor nikswees vlieg
(wie *jy*?)
waar stiltes wolke en verte spuit
en skielik 'n kerfie pad of muur
wat tyd begrens gewaar
is daar in jou 'n wenende bewondering
vir die vergeefse vergestalting
wat *mens* genoem word

*

Sokode
Tamanrasset
Chenachane
Sikasso
Korhogo
Boun
Ain Salah

*

Mnr B: dis waar jy het my afgevaardig *bloed* om in te staan
vir jou. Dis *bloed* ewe waar dat jy my gewaarsku het dit *bloed*
sal moeilik wees want dis nie meer maklik of aangenaam *bloed*
om in Afrika te reis nie. *Bloed* ek weet jy is moeg, nie meer naïef
of nuuskierig genoeg *bloed* om opgewonde te raak oor die eksotiese
bloed nie. Daar is byna niks meer eksoties in Afrika nie – *bloed*
tensy die dood jou nog skok. Maar ek het toegestem uit jammerte
vir jou. Wat ek hier *bloed* skryf is wat ek terugbring.
Ek hoop bloed jy lewe nog. *Bloed.*

*

hy kom in die lewe in slym en bloed hy skreeu skreeu
hy word geknip hy kruip hy groei en hy groei en hy groei
hy loop deur die tuin hy loop deur die stad hy loop
in die aand hy sien 'n duif 'n wolk dit reën hy verloor
'n skoen dis oorlog hy skryf woorde in 'n notaboekie
sy hand word styf hy dink aan die vrou hy droom
van vye hy kruip hy snik 'n kreet hy raak weg
in die dood dit was 'n lang wag

*

stilte sal kom
die oneindige geritsel en gezoem
van stilte
dalende deinende landskappe in die verte
patrone en skeure in die aarde
waar mense eens gewerk het
die rook van geluid weggewaai
die binne-aanwesigheid van duisternis
dig soos stilte
en die glimlag van spraak
agter geslote lippe

*

Mens huil altyd oor dit wat mens verloor (het), al is dit ook net
die toekoms. – Bian Tong

windklip

dagskrif

baie nagte het ek hier ontwaak
miskien omdat 'n haan drie keer gekraai het
en die hemel was gevul met die romerige skynsel
        van 'n onsigbare maan
swaar en soet in frangipanigeur

verantwoordig soos 'n ou asemhaling
was die intieme vermenging van water teen die rotse
en 'n wind van ewige verganklikheid
in die gordyne oor my oop venster

dan het ek net my hand hoef uitsteek
om julle my gedagtes een-een
op hierdie bed tussen droom en vergeet te aai

my familie my vriende my minnaars en bemindes

en saam het ons die soet en klam reuke ingeadem
en gevoel hoe sweet of die glinsterlagie bloed afkoel
ek is so dankbaar dat julle saam met my wou slaap

en gewag dat die wêreld verbleek tot lig
                en tot kleur
die vermompelvlakte aard van wegskryf mag ontbloot
om die polsende wond van die nag te verbloem

klein reis

my vriend sê:
die maan is die skerp rand
van 'n blik se deksel –
en ek sien hoe duisternis kerf

my vriend sê: kom kyk hoe bloeisel
die sterre soos smeulende vuurtjies
in 'n donker boom –
en ek droom van vaarte soos 'n ou verhaal

my vriend sê: jy praat kak –
en ek proe die brak smaak
van te veel woorde in die mond

my vriend verduidelik dat die see nat is:
en ek maan my –
dat ek nêrens by die huis sal wees nie

die dans van die klippe

my vriend sê: dis so 'n groot wêreld
niemand kan dit vol maak met begrip nie
maar aan die begin was dit leeg
behalwe vir die klippe
wat klonte gedagtes van die buitenste roepruim is.
my vriend sê dit is wat gebeur
met die versteende skaduwees van sterre
en dit is wat gebeur wanneer jy af in die purper put
die een verskynsel in die skyn van die ander wil lees

want hoe neem jy teenwoordigheid in die gedig?

my vriend vra: die dood en die digkuns –
is dit nie één nie? en die voël en die wind –
kan die een sonder die ander se vlug bestaan?
en wanneer die lig wat ontklee word
tussen die verflentering van nagsterre
en die onsigbaarheid van dag
die kleur van wind is?

maar ook dit slegs 'n beskrywing van swewende skrywe?

toe sê my vriend: om verbeelding
op te tel soos klippe en uit te deel aan die broodnodiges
is 'n beweging

en om te beweeg is die uitreik na ritme
dit is die dans

        dans

          dans

dansende pas-de-deux van verdraagsaamheid
dis die gefluisterde woordhuis van vrygewigheid
wanneer jy slegs die ek het om weg te gee
en vergewe. kyk, die vryheid
van weeg-en-weggee beweeg heen en weer
tussen die spanning en ontspanning van verbintenis
en die ritmiese saamkrimp van die klopvoëlhart:
kyk nog 'n keer – die naakte malman wat drie jaar lank
deur die strate van Luanda geloop het
met sy derms gedra in die bakkie van sy hande
was 'n dansende opskrywer van die lewe

dit is die patroon: leegheid is vorm
aan die begin, en om dit te laat bewe
moet jy dit vol maak met die voëlskaduwees van woorde

want aan die een kant en dan weer aan die ander.
want hoe neem jy anders die wind se woorde in die gesig?

nou kom hierdie mens

nou kom hierdie mens
met wie ek 'n leeftyd afgelê het
in die goeie tyd
waar hy stuk-stuk kan vergeet
wat nie meer die moeite werd is
om te onthou nie –
verhale van die teef
wat brood aangedra
en die heilige in die woestyn
se sere gelek het,
die rede hoekom in sekere seisoene
die swaeltjies so duik en beef in die hemel,
die miernes en ook die titels
van boeke met hulle bladsye silwer sand,
die hiërogliewe tatoeërings
op sy geliefde se lyf,
en tot my naam

nou is elke taal vir hom
die gebrabbel van engele
of die klippiespraat van papegaaivisse
onder water,
nou ruik hy elke oggend
die oopmaakwind vir 'n eerste keer,
nou drink hy soet genademelk

aan die moederborste van maagde,
nou is die tyd oplaas goed
om te vergeet van hierdie mens
met wie hy 'n leeftyd afgelê het
en tot sy naam

stof

my maat: aan wie moet ons hierdie skrywes rig?
wie het die leefdroombeweging van môre gesteel
sodat wat voorlê nog net dalende gisters is?
waarom is die sout oor ons visse nou as?
en kan die aarsenaar se takelwerk woorde ons red
nou die planeet kantel en skil
en maan soos 'n klip plof uit die put?

maat: waarnatoe is die wou op pad
teen daardie wind wat papierblomme bewe
en hoekom hang sy so stil
in die asem van geskiedenis?

die eiland van verbranding

"El espacio existe fuera de la subjectividad"
– Ulises Carrión

die dae het gekom en die nagte
wat leef in hulle geskiedenis van sand en wind
en wanneer jy by die venster lê, my vriend
het jy geluister na die fluistering van die hand se bewegingsherinneringe –
die bok se herkoude steun, die roep van die kind
en die wolke was roos, was toue, was silwer vlies en as
ruimte is 'n blou weergalming vir voëls se gewapper
jy het gewonder: hoe lank behou lippe hul rooisel ná sterwe
en probeer paar die rymwoorde van kleur: blind
en flenter en lies en verloor en die vlas van verderf: daar is geen putte
op die eiland nie: waar is die eeue se dooies weggesê?

dit was nie ballingskap nie
slegs oplaas die laat gaan van woorde op die water
want alles wat bestaan het 'n nietiging as weerklank
en die maan griffel 'n klipskipskripsie in die uitkring van wieg

die dae het gekom en die nagte was heel
wanneer die wind haar asem opgehou het
om te luister na die galmende gewelf
en wanneer jy by die venster lê, my vriend
maar wat is daardie stank? dis vullis
deurweekte klere dooie diertjies
wat op die rotse verknetter word

dalk deur donker mense met gedoekte gesigte
en die huil? 'n uil of 'n kat
of die middernagwaker se roeplied in die moskee
om die ewigheid aan jou vergeet van name te bind
maar wie soek om oor te kom van die vasteland?
wie weeklaag oor die verstopte holhede van die aarde?

die môrester was 'n vlammende duif
in 'n spikkelnes van stokkies en die geklik van donker
verminkte versreëls was linte in die grond
my vriend, die dooie lofsanger met 'n mond vol geheime
is met sy kora in die baobab begrawe
onder die kors afwesigheid

digters neem afskeid reël vir reël

met die hitte van die dag in die sokkerveld se sand
het twee honde gepaar en hul luste en lieste verstrik –
die kinders het klippers na hulle gegooi

my vriend het gesê: wanneer die Harmattan ophou tog en teug
is die son die vloeibare lood waarop jy peil kan trek
want dit word dood se skulpruimte van skadu

die hart is 'n winterdier

jy sal aan boord moet gaan: wanneer stof tot vergestalting transformeer
word 'n ruimte geskep en hierdie spasie maak plek
vir die sinkronisering van werklikheidsverbeelding

geknoop in woordlusse. dis die beweging van gaan.
jy het deur die nag gereis soos 'n slapende dier
het my vriend gesê, geskulp in die Melkweg

maar hierdie eiland behoort aan stemme
die mense is nie joune nie en lug is nóg water
en hulle sal nie sien wanneer jy opstaan om te vertrek nie

die hart is 'n winterdier

digters neem altyd afskeid reël vir reël.
dis soos grondboontjies kou om die smaak te vergeet
of om dooie salmanders uit die watertenk te vis

het my vriend gesê: die pad vorentoe is vir seker onbekend
en waar is die lanterns op die bergpieke,
waar die honderd moerbeibome, waar die krisantblare

om die wyn te geur? waar is die vissies soos munte
uit die see se gebarste beurs? jy pak klippe
op die droom wat van woorde gemaak is

die hart is 'n winterdier

een vir een word die digters oud, het my vriend gesê –
soos monnike in rooi klede sal ons vergaan tot stilte:
maar niemand gaan ons daarvan weerhou

om nog 'n paar bottels oop te maak
wanneer asem uit die noorde die nagte bloukoel spoel
en geheuelose minnaresse met die tande verslyt van grondboontjies kou

in binneplase waar frangipani's bot
hurksit oor kleipotte vol kole se gesmeulde soet
om hulle dye met die aai van illusie te verhit –

hulle het vergeet dat hulle tog nog onthou
van reël tot reël soos die sterretuin ontvou
dat die hart 'n winterdier is

wie is ek? het my vriend gevra. ek is die aarsenaar
wat jou skaduwee en die hangstilte van aasvoëls bewaar
ek is die een wat jy van vers tot vers agterlaat

van droom tot ontwaking – my naam is Saadi Joesef.
my naam is Ko Un. my naam is Ch'u Chu'ang I.
ek is die wind wat klip geword het

want kyk, wanneer jy loop het die *signare* reeds 'n sakkie
so groot soos 'n hart aan die katelstyl gehang
met die sand van jou laaste voetspore

o jy het die wind met woorde probeer stenig
maar kyk weer, in donker seile bol 'n maan.
die hart, die hart is die winterdiersterfte

Espace Frederik Van Zyl Slabbert

nag met die maan 'n skimmeling bo
is die eiland 'n bult ontoeganklike onthou
in die donker
die walvis is klip
en bote versonke in die dowwe douword-distansie
                              van liggies
vaar met diep vragte verby mekaar in die seestraat

maar daglig vee alles uit tot die onsigbaarheid
van vreetvoëls se stekiespatrone op die lug
en weet ek jou / en vergeet ek jou weer
die vlugworp-inploffing van alles en niks

eers die nou steeg met hobbelstene geplavei
dan die swart deur na die binneplaas
waar frangipanibome die geslote oopte soet maak
met wit ruikers gespatsel teen rooi mure

bo was jou kamer die wye bed
die vensters gange op die rustelose gerug van branders
die voëls se gekwetter
en bokke wat bid in ander binnehowe
uit dieptes gans verlore

deur vertrekke benede met in die laaste
jou portret teen die muur
hoe om die kuns van slim lewe te beliggaam
spottende blou oë
wanneer ek van naderby kyk
is jou fokus vaag soos vasgelegde glans

tot in die hoog ommuurde agterste tuin
so weelderig oorgroei van palm en hibiskus
                                     en trosse papierblomme
gesoom waar wind 'n baldakyn is
om aan die hemel vas te hou

hier is jou ruimte
hier is jy nie
in die klipmuur gemessel
'n teël gebakte klei van bloed
jou naam in swart beweging
voëls het reeds wit strepe oor die gedenkskrif geskyt

hier laat jy my staan in die ritmes van vergeet en verdwyning
om diep in die bottel te loer vir teenklank of troos
hier los jy my om die al hoe onwilliger lyf uit te leef
tot in lengte van nagte
en die bewende delirium van dae
om sin te maak van Afrika

om sin en sinnetjies te maak in Afrika?

fok jou, man
fok jou!

swem in die nag

In die nag en in die reën staan jy op en loop
af na die see, donker water, verrotte houtpilare
en stutte wat kaaie en ander konstruksies
bo die watervlak hou, sparre en planke,
die stank van ontbindende krappe,
see-alg, lelle en drilsels.

Op die eiland ook tydens die groot hitteseisoen
gaan jy soms af na die watersoom in die nag,
dis 'n smal hawe, jettie op vermolmde pale,
in die donker
weet jy van ander mense, mense
slaap uitgelê en gewikkel in gewade
of tel bidkrale af met geluidlose lippe,
miskien 'n hond, dalk 'n wind wat oppervlak
riffel of slurp van gety, en gaan dryf
op jou rug in die nag, sterre oneindigheid,
soms 'n maan soos die opgeblase karkas
van die bok wat versuip het.

Dis 'n nou hawe. Waar die baai
'n bog maak is die houtkaserne waar jong werkloses
en dwelmverslaafdes en hulle wat dof van gees is
geherberg word, die mense met die stadige bewegings
wat nie weet van doodgaan nie,

die wat in nate van die gemeenskap skuil,
hulle dra growwe blou werkersoorpakke,
hulle het opgeswelde hande en swaar nekke.

In die nag en in die reën sien jy
hoe die houtkaserne se inwoners
van die wankelrige balkon in die water
spring, hulself een vir een soos dooie gewig
gewikkel in sakke van growwe blou katoen
in die see laat plons.

Jy weet jy moet iets doen. Jy swem
uit na waar die mense in die spieël dryf,
'n krans op die water, jou deurweekte broek
en baadjie maak elke beweging traag,
en gryp die naaste bondel aan die kraag
om hom te red, die jong man met die swaar
gesig van iemand wat die gemeenskap
se uitdrukkings na kan boots
soos 'n dooie bok met oop oë kyk
na die maan, hy dryf op die rug
in die see in die nag
om oneindigheid in sy oë te spoel.

Maar hy spartel uit jou greep, verwyt
jou met dooie oë:
"Los my uit. Ek kán swem."

Jy weet jy moet iets doen. Dit is jou geliefde
se verjaardag, jy mag nie vergeet om haar
te verras nie, jy swem met logge ledemate terug
na waar die see teen die kaai klots.
En nou moet jy stadiger skrywe
want jou telefoon is nat.

Jy skakel, jy hoor die toon, dalk wind
wat oppervlak riffel of slurp van gety
of 'n hond wat tjank vir die bok se oë
soos die spieëlgrafte van vlieë.

Jou geliefde tel die foon op in 'n verre kontrei.

Sy herken jou stem in die nag.

"Mi amor . . ."

die maan en die haan

in die vroemôre wanneer jy opstaan
om weer skuiling te soek in die beneweling van die liggaam
wanneer dit nóg nagversaak nóg dagraad is
maar 'n afwagting
en die wind haar onttrek het aan bome
en jy weet van visse wat in skemer waterruimtes hang
soos die balling wat hom verbeel hy hoor vryheidsliedere
wanneer die maan weggeraak het
wanneer die eerste haan die einde van die wêreld
aan die orde van die dag probeer bring
in 'n taal waarvan die keel afgesny is

in die vroemôre wanneer jy opstaan
tussen sterwe en vergeet
           bly jou skaduwee in die bed lê:
die nog lewende huid donker soos
wyn se afskynsel in die donker glas
diep soos afskeid neem van bloed
en vir 'n oomblik wéét jy dat jy die grens oortree het
draai om om oor die afwerping te ween
al die versinkende gedaantes een vir een
daarmee heen
al sedert die vertelverval van tye

later vandag sal jy die vel probeer verkoop
as droombevlekte laken
jou deur hierskrywe weer laat lei en verlei
tot verblyding in 'n tyding van getye
wat uit die hand moet loop

en onthou: die omskrywing van die onkenbare
wat jy nie lê kan maak nie

hier die wurms in papier

yltyd

jy was dáár
jy was vry
jy het gedog die drag van definisie
die bondel gistende hout
      uit die woud van ontwaking
wat mense van jou afkoms en tong
dra op die rug
soos 'n slaapwandelaar wat sy skadu
nie kan bykom om dit af te skud
jou nie sal pla nie
jy dit onsigbaar sou kon maak
want jy het jou losgesny
van die oorsprong wat die toekoms bepaal
om regop te loop

en nou is jy hier

wie lê daar in 'n vreemde land
op 'n kooi van mompelende dooies
met wind 'n ou-ou koors in die gordyn
wie se vlerke staan gebondel in die hoek
pyndonker gevrot van ou-ou bloed?

die glimming buite   die geruislose beweging
is dit wind uit die woestyn
met 'n asemvrag stof en as
of die maan se lewenslose oog
om die skyn van bewende aanwesigheid te loop?

die stank   as klank
van vergaan
wát brand wáár   so intiem
op donker rotse aan die see se omstiksel?

wié knetter in 'n rook van bitter drome?

wie se lyk is jy al gisterende
onsigbaar soos die geheue
aan 'n skaduwee sonder gesig?

my eie vark

"A man who's left by himself
is left with his own pig"
 – Nietzsche

"It's a cruel, cruel world
Life sucks
We're in Hell alright
Shucks!"
 – b poop jr

'n Besinning oor ruimte as katalisator van betekenisvorming

1.

Natuurlik is daar nóg realisme nóg logika. Die natuur bestaan buite die mens se versoeke om dit binne 'n raam van begrip te wil pas. Waarom kom ek dan te staan voor 'n skildery of 'n gedig waar disparate – selfs desperate – inkongruente figure en wedersyds afsydige elemente skynbaar tog sonder botsende belange één vlak van daarstelling deel? Wat is dit wat my aandag trek? Dis 'n mondvol. Het dit te doen met die afbakening van ruimte? Dat wat binne dieselfde omlyning aangebied word met mekaar in gesprek tree al is dit ook 'n dialoog van die dowes of appels wat met vere vergelyk word? Saam-saam ontstaan aldus in saambestaan 'n mate van verhaalmatigheid. Nie noodwendig 'n narratief nie. Hoe betrek dit die aan-dag van die leser of die kyker? Gedeelde ruimte veroorsaak 'n na-mekaar-toe-bring van die elemente of gegewens binne daardie afbakening, en die skyn van gesamentlikheid teenoor dit wat daarbuite val. Hierdie aksie insinueer 'n *mededeling* (mede-deling). Is enige mededeling nie slegs die suggestie van boodskaplikheid nie? Dinge hoort by mekaar omdat hulle by mekaar uitgekom het – of bymekaargemaak is. Maar net soos Benjamin beweer dat daar 'n geheime ooreenkoms tussen vervloë geslagte en die huidige een is, net so is daar 'n vibrasie oor die vers se dekveld of die doek se oppervlak: 'onverwante' elemente (beelde, klanke, kleure, ritme) *gesels* onderling, vra uit na mekaar se familie, stry mekaar op, baklei – en vibreer ook in die verwysings en aanknopings (aankloppe, aandknoppe) na buite. Noem dit die 'binnegedagtes' van elkeen van die bestanddele, die 'genetiese' herinnering van elkeen aan afsonderlike oorspronge, assosiasies. (Die nag is 'n ge-dagte . . .) Dis soos om vanuit die kamp seine te stuur wat verwys na verwantskappe wat buite die gedeelde omgrensing van die 'gevangenis' lê. Die mens hóór die geknetter van interaksie, van hierdie verwysingsverkeer, weet dat hy (of sy soortgelykes) die gesprekveld teweeg gebring of herken het, maar verstaan dit nie vanselfsprekend volledig nie. Die opake areas wat oënskynlik nie gedek word deur simbiotiese inskakeling nie sou beskryf kon word as uitsteekplekke van die skildery en oorskietkolle van die gedig. En dis ook nuttig, want mens voel dan bemagtig omdat jy deel is van die oorstélping van die natuur. Om nie te verstaan nie laat ons immers voel ons is deel van die groter onomskryfbare. Jy word 'gevang' deur die skyn van betekenis waartoe jy gekondisioneer is om na uit te reik deur die saamgroepering van uiteenlopendhede. *Verbeelding* is die meganisme wat jou die geloofsprong laat maak; dis die 'sekerheid' of gerusstelling wat kom deur die laat-gaan in areas of manifestasies van onsekerheid. Verbeelding is die nagperd. Ruimte is vertelling as neerslag of konsentraat of kernontplooiing van verbeelding, dis die kampie waarin die nagperd kan wei. Ruimte en verbeelding is afhanklik van mekaar, skep mekaar soos long en asem. (Maar dan moet jy by 'verbeelding' dieselfde *ver-* as voorvoegsel lees wat jy ook in ver-val en ver-rot en ver-taal kry.)

2.

Die vers (of doek) as oorgang en as tussengangersruimte waar
taal sig kan manifesteer as omvormingsagent. Jy werk aan en
op en ín die doek totdat jy iets begin *sien*. Dit is 'n ruimte van
totstandkoming, dit word 'n oppervlak van daarstelling. (*Hiér*
kom die *dáárstelling*.) (En da' kom die Alibama.) So ook taal wat
as transformerende beelding na uit(s)ing beur. Die aanwesigheid
van ander 'komponente' (bestanddele van komposisie) binne die
gedeelde rigtende (want mededelende) ruimte, maak dat hulle
begin muteer, dat alternatiewe soos ongebruikte geriewe ontsluit
word. Gedig is 'n leefruimte vir taal. (Dit het eintlik niks te doen
met jou of met my nie.) Jy kan sê: gedig is taal se baarmoeder
en woorde is selle van die nuwe lewensvorm. Dis ook altyd
dieselfde ou diepwoorde van die 'geskiedenis'. (Dieselle ou storie.)
Miskien in ander gedaantes. Jy kan sê gedig-ruimte as baarmoeder
is die graf waar woorde nog mompelend met mekaar praat en
beduie om tot 'n vergelyk te kom. Jy kan sê die gedig is die lewe
ondergronds. Miskien in ander geraamtes. Wat in fokus kom, soos
beweging op 'n doek, is dat die dialektiek woord-spasie tydloos is.
Met prosa (kortverhaal, roman) is die 'vorm' of narratief 'n draad
van oordra na buite toe. Dis 'n meganisme wat dit moontlik maak
vir die leser om haarself te projekteer. Prosa is altyd 'n vertelling
(beaming, ontaarding) van die beeld van self. As dit verby is, is dit
verby. ("Kom ve'by, Doris Day" is 'n storie.) Poësie, egter, is nie
onderworpe aan die dichotomie (die tweegang) tyd-ruimte nie – al
is dit soms die onderwerp daarvan. Poësie kom van nêrens en gaan
nêrens heen nie – en ondersoek dan daardie nêrens soek-soek

soos 'n hond na doodsbeendere.
Die heengaan is 'n lewende formule.
Die vlerkloosheid voël sig tuis.
Ruimte *is* beweging.

die digters se manifes van meelewing

ons is die digters / ons gun mekaar die vryheid van denke
en verbeelding / ons kyk die een na die ander
se woordeworstelinge soos kleuters wat Noag se arkeologie
met modelleerklei boetseer / en ons
is bly elkeen oor die vrug van die ander
se hande / ons is die digters / ons het gróót
medeklinkende harte wat belangeloos
opgaan in die liefde / ons is nie jaloers
of nydig nie / ons voel nooit afgeskeep nie /
ons oordeel en veroordeel nie / ons
probeer mekaar nie bewimpel met ekkerigsotiese
kontsepte van die Empaaier nie / nóg
sal ons 'n ander ooit vergiftig met wierook
of met stroferoof in die kánondonder stuur /
ons is die digters / *geringskattend*
as woord is te tongbeduiwelend om ooit
vars en viets in 'n vers lê gemaak te word
en ons ken nie van liemaak of vermakerigheid nie /
ons baklei immers nie vir krummels
van die baas se tafel nie / kyk, ons loer nooit af
en aap nooit na nie / ons is die digters / ons koer
wedersydse bewondering soos vredesduiwe /
buitendien: ons weet al ons lettergrype is torinkies
van as en sandkasteeltjies in die land / en óns
brandkerse in die wind van geskiedenis / dáárom

is ons monde welluidend van meelewing /
want ons is die digters / ellendige broers en susters /
so waarom sou ons mekaar ook ooit in die gat
of die oog koekeloerhoer of in die oond wil steek?

April 2011

Moermikland

('n 'vertaling' van Allen Ginsberg se America)

Mzansi ek het jou alles gegee en nou is ek niks
Mzansi hier staan ek oppie stasie en die fluitjie willie blasie
  met 'n paar note in die hand die 17de September 2010:
ek kan nie my eie gedagtes bekostig nie
Mzansi wanneer gaan ons mense ophou
  om mekaar te bedonder?
Steek jou versoening dwars in jou hol op
Ek voel nie so lekker nie, los my uit
Ek sal nie hierdie gedig kan voorlees
  voor ek nie reg in my kop is nie
Mzansi wanneer gaan jou wonderwerk gebeur?
Wanneer gaan die reënboog die aarde bevrug?
Wanneer gaan jy kaalgat en geseënd wees?
Wanneer gaan jy afkyk in die spieël van die graf?
Wanneer gaan jy die droom van jou drie Trotskiste eerbiedig?
Mzansi hoekom drup die trane oor jou boeke in dooie biblioteke?
Mzansi wanneer gaan jy eiers uitvoer Indië toe
Toe toe toe?
Ek is gatvol vir jou polities korrekte gehabbahabbahabba
Wanneer sal ek by die Somaliër op die hoek varkpootjies kan koop?
Mzansi dis after all jy en ek wat in sonde
  ontvang en gebore is
en nie die amakwere agter die bult nie
Jou gesteel maak my tiete stomp

Jy het my verbitter tot 'n preutse oujongwyf

Daar moet 'n ander manier wees om ons toekoms gelyk te maak

Lewis Nkosi naai vir Ingrid Jonker in die hemel

      goeie genade op ritme van vuvuzelas en penniefluite

en dis nie te sê nie

Skiet jy kak met my of trek jy net my been

      om by my beursie uit te kom?

Kyk ek probeer 'n punt maak hier

Ek het jou my identiteit gegee in ruil vir 'n lensiepot woorde

Mzansi moenie my gharra nie ek weet wat ek doen

Mzansi die perskebloeisels val soos trane uit die boeke

Ek lees al lankal nie meer koerante nie, elke dag

      se gatbiljet is hoeka besmeer

      met moord en doodslag en roof en skinderstories

Mzansi ek is nostalgies oor Radio Lourenço Marques se nagnuus

      van verre hawens

Mzansi ek mis vir Pieter Blum

Mzansi ek was 'n kommunis toe ek jonk was

      en ek is dit nog steeds

Ek trek my daggaskywe soos voëlsang deur tuitlippe

Ek sit dae lank en kyk na die kakkerlakke in die koskas

      en die wonde soos rose oor die gesigte van ons kinders

In die townships word ek dronk en geghapzella

My verstand is helder hier kom maatemmers stront

Jy moes gesien het hoe ek Marx verslind het

My kopdokter dink ek is so reg soos ubuntu

Ek sal nie die Onse Vader opsê nie

Ek sien gesigte en droom drome en die kosmos is 'n vibrator
　　　　wat my orgasmies laat tril
　　　　soos 'n muis wat kieswaterend kaas ruik
Mzansi ek weet nie waar my mense vandaan kom nie

Ek spreek jou aan soos 'n issue of 'n sneesdoekie
Gaan jy toelaat dat jou gevoelslewe ingeprent word deur Huisgenoot?
Ek verlustig my in die anonieme varke
　　　　wat mekaar op LitNet beswadder
Ek kan my oë nie afhou van die slette
　　　　en die poeiersnuiwende gatjieponnerse poepholle
　　　　met die gaatjiesonderbroeke nie
Ek verslind die politieke gehoer op my televisieskerm
　　　　want dit leer my alles omtrent verantwoordelikheid
Besigheidsmense is eerbaar. Adverteerders is opreg
Almal van hulle het inbors behalwe ek
Dit val my nou binne dat ek eintlik Suid-Afrika is
Hier belieg ek myself al weer

Afrika staan teen my op
Ek het nie 'n albino se kans in Tanzanië nie
Ek beter my seëninge tel
My seëninge bestaan uit twee zolle
　　　　'n handvol saadknolle studente soos drolle
　　　　'n Chinese gebedeboek in my handsak
　　　　en 'n malhuis in elke dorp
Ek sê liewer niks van my tronke nie

nóg die horde rondflenteraars wat op drempels slaap
onder die vals lig van neonslagspreuke
Ek het die bordele van Bordeaux van bord tot onderdele verken,
Tangiers
is volgende op my lys
en dan Durbanville
Dis my ambisie om president te word
en alles wat voorkom te streep
al is ek ook 'n wit vrou
Mzansi wat gaan jy ooit verstaan van my klaagsang?
Ek sal aanhou filosofeer soos Jopie Malema
My strofes is so oorspronklik soos sy gedagtes
en meer nog want hulle is almal same size bonghol
Mzansi gee my jou miljoene en ek grou vir jou riole
Mzansi luister na my visioene gespeel op viole
Mzansi bevry Mandela
Mzansi seën vir Skellumbos
Mzansi salf Gorka se voete
en straf die predikante wat soos pikkewyne
hul pikke tugtig en hul pyne koester
Mzansi ek loop met die tjap van die Americans
Mzansi toe ek sewe was het my ma-goed my gevat
na die comrades se vergaderings
waar hulle ons soetkoek en rietkluitjies verkoop het
teen 'n rand 'n droom, maar die toesprake was verniet
Almal was engele almal het gesnik
oor die lot van die werkers jy het geen

idee hoe moreel die bevrydingsbeweging
in 1835 was nie Bram Fischer was 'n goeie
ou Boer 'n regte mensch Mamma Madikizela
Afrika het my laat huil en De Klerk se kruin
het geglim van onkreukbaarheid
ek het geweet ons is die uitverkore volk
elkeen was waarskynlik 'n spioen
Mzansi jy wil nie regtig oorlog maak nie
Mzansi dis daai vervloekte Nigeriërs
Daai Nigeriërs die Nigerians en die Chinamen
En die Nigeriërs
Die Nigeriërs wil ons heelhuids opvreet
      en ons renosters se voorhuide verkwansel
      as raat vir die slapsiekte. Die Nigeriërs
      is soos die ANC se cadres oor mag
Hulle wil ons karre uit die garage kaap
Hulle wil vir Jozi oorvat. Hulle het nog nooit
      van die Freedom Charter gehoor nie.
Hulle wil ons anties
      in die voorstede se broekies en spaarboekies hê
Hulle wil die bruid by elke troue en die lyk
      by elke begrafnis wees.
That no good
Ugh
Him make Indians learn read
Him need big black niggers
Hah

Her make us all pray sixteen hours a day
Help
Mzansi dis genuine ernstig
Mzansi dis wat ek sien
      wanneer ek in die glasbal kyk
Mzansi kan dit waar wees?
Ek beter my moue oprol
Dis waar ek wil nie by die Army aansluit
      of kondome opblaas in fabrieke nie
Ek is mos anyway bysiende en psigopaties bipolêr
Mzansi ek sit my slap en sensitiewe skouer aan die wiel
      van oorsaak en gevolg
      om die wa van die wal af in die sloot te help

Gorée, 17 Julie 2010

selfplekspertief

om met Descartes te praat:
die ek is die spook
in die nagmasjien
van die gedig

en wanneer daardie gedagte
dag word op papier
beland die nagtyding
as beweging

kaplaks in die hierkiepkiep se kaartehuis

suite

want wie is ek om te glo ek kan dink?
wat laat my dink ek kan woorde uitpluis
om hulle soos gevolstruisveerde pluiskeile op te sit
wanneer ons die onkenbare in haar kis
beenboord toe dra
as hulle eintlik maar pluisies in die ore is?
hoekom weet ek nie dat ek in alles voorgesê en opgesê
en opgegooi is nie? toegegooi in 'n kuil kluitkennis?
watter malheid laat my beweeg
asof ek 'n begrip van ruimte
en sterre en wind en syn en beweging sou hê?
vanwaar die waan en die waansin
soos 'n vrugbare maan?
waar kom die skielike ligte wete vandaan?

Of dit 'n man sou wees

(aangepas uit Primo Levi)

Julle wat veilig lewe
in julle gerieflike huise,
julle wat saans by tuiskoms
warm kos en vriendelike gesigte kry:
oorweeg of dit 'n man kan wees
wat in die modder swoeg
wat geen rus ken nie
wat baklei vir 'n korsie brood
wie se dood wik op 'n ja of 'n nee.
Oorweeg of dit 'n vrou mag wees,
sonder hare en sonder naam
met geen krag meer om nog te onthou,
haar oë leeg en haar moer koud
soos 'n padda in die winter.
Oordink dat dit volbring is.
Hierdie woorde word aan julle toevertrou.
Kerf dit in julle harte
by die huis, op straat,
wanneer julle gaan slaap, opstaan:
herhaal dit aan julle kinders,
of mag julle huise uitmekaar val,
mag siektes julle aan bande lê,
mag julle kinders hul gesigte van julle afkeer.

frottages

(mondstof)

*"A suspected brothel was closed after a catalogue
of residents' complaints, including the disturbance
caused by one visitor, said to be a dwarf, who would
bang his head on the front bay window to attract
the attention of those inside."*
 – Liverpool Echo

*"Can you taste
what I'm saying? It is onions or potatoes, a pinch
of simple salt, the wealth of melting butter, it is obvious,
it stays in the back of your throat like a truth
you never uttered because the time was always wrong . . ."*
– Philip Levine

*"Les oeuvres meurent, les fragments, n'ayant pas vécu,
ne peuvent davantage mourir."*
– Cioran, Aveux et anathèmes

werkwantdienagkomnader

die lyksang van onthou
o die kermleef van óópvou
my hande bewe woordverword
óm vorms van as   dood/dood
se verouderde houvrou

die geheue daardie byekorf
die pudenda heuningheuwel

kos is op
krag is af
skuld word meer
tyd word min
amen

ek hoes gesond
ek kak 'n pond
ons lewe saam
soos kat en hond
amen

rowers skiet
kleingoed huil
ek mag verniet
teen doodgaan skuil
amen

hier lê my lyf
daar hol my siel
my oë staan styf
slap slaap my piel
amen

oupa en ouma sit op die stoep
oupa stoot 'n harde roep
ouma vra wat's nou weer fout
oupa sê die lewe is koud
o Everest

hy sal nooit selfmoord pleeg nie
hy's te bang hy gaan dalk dood

die blinde sanger soek in boeke
die glimmende beweging van walvisse

"you drinka fish?"

vir wie skryf jy
vir die leë vel papier
huid van beminde
en los dit daar
vir verbyganger om te lees
of nie te verkrag nie

huis paleis pondok
kinders in die hoenderhok
oupa trap daai donshennetjies
fôk-fôk-fôk

dood
hy maak my nie bang
hy sal my immers
eers moet váng
maar as hy my soek
sal hy my kry
hier tussen die riete
by sonsondergang

nagtaalnagtegaal

die dood
dit weet ons tog wanneer ons kyk
na orgasmiese vlekke swart in kladpapier
is die ink
uit die lewe as pen
vandaar die neerpen van gedagtes

smyt weg leë pen
tensy kind daarmee wil speel
as verbeelde skryfding van die pyn

die probleem is nie
om op pad te wees na nêrens
die ding is wat dóén jy
wanneer jy daar kom

open mind empty head

die geheue is 'n byekorf
vir die aandword van ons dae

ek swerf omdat my spore so stink

taal is prentjie van die wêreld
taal is spieël
as ek in die spieël kyk
sien ek die wêreld
dank God
ek hoef nie nog aan God
ook te dink nie

siende dit nie deel is
van die woorde wat ons so argeloos
wegsmyt
los dit geen spoor van eiebestaan
in die kwashaal
sê Kigen Dogen

om te verniet

die maan is rond
ek kak 'n pond
praat met die hond
môre gesond
dis waar dja

hy was 'n uiters beskaafde minnaar
het nooit sy hande ingesluk nie

maar wat is woorde tog sonder 'n gedig

amendement
parlement
papiermententaal
peperment
mankement
wie is die vent

haar borsies is soos siffies
en ek so lief vir tee
maar die lekkerste vir drink
bly maar die rooibosvissie

so lief vir jou
dat ek die grense van liefhê
en die liefde
ontdek het

ge-abba in karos van mis
kom herfs af deur die klowe

woknakwyf jou guile tyf
jy pluk al die riele styf
wantwar het jy allooit gehoor
vaeklank ve'kragter
en 'n giggie van voer

onthou die onvergeetbare

pasop vir dwerge
wat ou waatlemoene
heuwel-op dra
hulle is kwastig
en jy het reeds jou eie oortuigings

gedig se naam is nagtaalberg
dood se naam geboortedwerg

lig faal
die dae korter
en glim soos staal
vatvaal vir sneeu

o die bedmeneer
beheer nog net
die verkeer van voëls
se wegvliegdrome

my kreef se naam is Orpheus

versreël gesien as
óf 'n riempie onder die hart
óf 'n tou om die hals
maak dit staan
daar word gesê
rinkhals is uitgesterf in die natuur
en wat oorbly is sis van gebluste as

woordoefening vir die uitgeholde gebeente van die voël

lewensnalatenis: sterfbeginsel

Stockholm: die oggend is
nag dik van sneeu
op vensterbanke flikker
Kersfeeslampies van weke gelede
in rooi gloed agter ruite
maak ou hoere in nagkabaaie
hawermoutpap vir die kinders
wat skool toe moet gaan
die byna onhoudbare stilte

dis die oë wat oud geword het
te styf om hierdie land mooi te sien
te waterig om weerstand te bied teen die lig
te ver heen om my nog te lei
deur die dal van doodskaduwee

daar is geen god
wel 'n godsbesef
wat beteken
as die skoen jou druk
trek dit aan

geen godgogga of gees in hierdie klowe
slegs mense met die bloederige rowe
van rampspoedige gelowe

moenie spring waar jy nie kan vlieg nie

donkerder as ink wolkskadu's op die grond
donkerder as bloed woordweduwees in die mond

hy loop so voetjie vir voetjie
soos 'n steeks trapsoetjies
omdat hy haastig is
om gounou by dood uit te kom

ons skilletjieskildpad maar vorentoe

om met die handskoen te skryf
want as dit nie was vir verganklikheid
het ons nooit die klank
van die ewigheid kon ken nie

die paradoks van poësie
die paddadoos van poesie
dat jy die padda as maankenner
in haar donker boks op die rak
aanmekaar woordvlieë moet voer
sodat sy nie vrek in haar manel van maagdelikheid
sodat sy mag onthou van beweging
van strofe na spieël
anders is jy in die kak
en niks stink so onbevrug soos 'n dooie gedig

dit is natuurlik die bewegings van die liefdesdaad
'n saamsaam-mekaar-andersmaak

die bene vir loop
hande om mee te streel
oë vir oogoopmaak
die brein is daar
en af en toe hier
om 'n verstand te bedink
die skrywer is gemaak vir skrywe
die sterwer om te sterwe

lewe is die lig-lig proses
om ingesluk te word
deur verduistering

hartsien
verstandspieël

skryf woorde
om bietjie verder te gaan
totdat dit weer helder genoeg is

voorberigte van vernietiging

mondgrotgraf

genadebaarlik is dood as mond
tong én smaak én inslukplek

jammer vir die ongerief

om gedig te vertaal
is om die meisie uit te trek
te kyk of sy kliere ook tot beweging bring
sonder rym of maat van klere

want die beskrywing van dinge
is die máák van singdinge
is die verdinging van maak
is die vermaak

die ek 'n ligfilter

weet nie of ek al gereed is
om die hoer en rumoer van lewe
te stol tot die stilte van woordstiksels nie

veelrymer
woordsnol

intelligensie verduistermaan werklikheid

kyk

kyk hoe lyk die kykers van die lyk

stilweelde / die swaar oë van die dooie

skroomloos skrywer
by alle wywekelkwoorde hommelby

wanneer alle sien ontdooi
hoe swáár dan die bloeiselkyk van die dooie

al wat jy ooit gewéét het
opgetoor in die witterigheid
van verse
al agter die moederkoei aan aand toe

kyk hoe bots ons werklikhede
kyk hoe blind elke oog wat kyk
luister hoe bons elkerlyke hart
presies op dieselfde deelmaat
van eenalleengeeneen

hou vas die onthou
kyk die lug is blou
en onthou om vas te hou

god afgod opgod
wie maak my 'n bod

die ek fliegtril

al wat taal is
is huis toe verlang
sê Rumi

wat is die wond tog
sonder woordverband

die goddelose
ontslapeloosheid

jy kan nie anders
as om die heelal se standhoudendheid
te meet aan eie doodgaan

faire le vide
pour être le présent

woorde
raak
op
alles
val
in
plek

it's enough
to spend your life
turning bread into dung

hier teen klaarmaak se kant
veel meer vrae as antwoorde
sekerlik siende die oplossing
geen saak meer kan maak

aan stront is geen salf te smeer nie

ek gaan dood in julle gesigte

mens
newemens
medelye

maan hemelgesig v.d. aarde
net soos gedig 'n vasmaak is van niks

naaidood

in hierdie tye
van verdoofde glans
terwyl uitwissing
langs luglyne knetter
is kuns die bose bloeding
die meester van verskrikking

vy is feit
vyeboom fiksie
eet weetlustig voëlversigtig
en vee af die mond
se diksie

die digter
se gedagtes
die slagter
se gesigte
was jou hande

weet nie of ek al gereed is
om die hoender van lewe
te verloën vir die dood
se eier nie

"nowhere is like anywhere else"

nie meer gedigte skryf
net swart beendere opdiep
andermansbestaan
maak of jy tekenlees
regstelling

práát geheue
of hou jou mond
toe vir alle tye

wérk woord
want die nag kom nader
wat net niks nog weet

mirtebos   witpers blommetjies
voëls sal die bessies eet
en blou uit die Bybel praat

neute het ryp geword
verrimpelde baarmoedervrugte
in groen doppe
die vrou sê pluk
en eet die vye
voor die reent begin
en die somer verdrink
soos 'n weduwee
lê die toemaak voorlopig opsy
skryf dit neer

nou is trosse ryp aan die stok
pik voëls soos tonge die korrels
om reëls te skyt
en elke vers bring son se suiker
na die kies
want herfs is 'n singender weergawe
van sterwenswyn
dankbaar

probleem is
wanneer jy oplaas
op die strand loop
        by selfklaarmaak
is jy te swak om
om te kom om
self die vis te blaas
en heentemal te ver
héén om om te gee

daar is iets te sê
vir die skippie v.d. digkuns
dat dit sekerlik die bestemming bederf
geen utopiese hawe
geen ligtende stad
op die bergtop   maar
dat dit ten minste
sterre en wind
saamsleep in vaarwater
        onbekende
niks is die aankomskus
en dood die see wat oorgesteek word

my hart
is 'n toring
dat ek jou van ver
kan sien kom
breytenmydood

met die skemeruur
van vuurmaak teen donker
kom sing 'n voël op die nok
en skielik is die middelwêreld
'n tuiste so ruim en vertroud
soos 'n ewigheid

dig geklank
wig en wrank
stankbestand vergate
dankiiiieeee dywel

met die skemeruur
op die dansvloer
waar lig gewan word
die hart 'n vlermuis
aandsoek na vuurvliegies
al wat oorbly van woordagtes
met die skemerskuur
vlerkvou
onderstebo
oornagting

want dit het tot my aannag gekom
dat alle uitruiling 'n uiting
van geweld is
sy geskape of nié buiteding
tog die huil of 'n buiting
van geweld is

ontlossing

wat is stank
tog anders
as die klank
van vergaan

hoe om
bewapen met die oorlydende hede
en vanslewe se verskiethede
die omrede in die bek te ruk
en die toekoms lê te maak
in stof en oorblywende stilte

jy weet al domorig
dat om oor dood
te skrywe
dit nie maak lê nie

afgestudeer in vergeetkunde

ek voel langsamerhand
ek is nie die lewe werd nie

dink aan die vel papier
as geurige grond
die verkrummeling tot stof
van wat berge
en waar ruimte tyd was
en niks nou mond

dagbreek   die wêreld onder sneeu
se doodskleed   en skielik die onthou
aan voorlê   'n ewigheid van leë papier

grafwaar
hier vaar
Stoftong Bobbejabach
lank gewag
klaar gelag

toe dit tyd geword het
vir die opstaan om dood te gaan
het ek my verslaap.
sorry

Ysterkoeisweet/oorblyfsel

"if birds kept still
the world would have to dance"
– Bill Dodd

paraprosdokian

toe ek jonk was
het ek sy begeleiding gedoen
hom uit die hand geskryf
om die lewe soewerein en doodsdig te maak

vanoggend vroeg toe die lig
nog skaars groen oor die berg skadu
het ek sy gesig met die opkyk
in die badkamerbladspieël sien staar
met 'n knipoog en 'n grimas van verwelkoming

sonnet

vis sit agteroor en bestudeer die spyskaart
dit is soos altyd met sout besmeer
o Heer, wanneer sal ek ooit 'n keer
die skaap sien wei met blomme
in die kieste? is daar dan geen
einde aan verlange nie?

is ons weer soos altyd aan die voet
van die leer van evolusie?
die Duitse toeris met honger blote kont
'n paar trappe hoër weet te vertel
ons is almal seisoenlikse sardientjies
diékant daaikant bruin gebraai

totdat die vel dit nie meer kan vat nie
en net souterige trane die verrotting nog besweer

poskaart vir die slaaplose

soos 'n skulp uit die diepte
wat oopgaan om kleure te wys –
dit word stadig lig –
die vroeë *chaloupe* wag waggelend vir passasiers
om hulle oor te neem
Afrika toe –
woue versnipper die hemel
in repies skiergeluide
as weeklag oor die kwyning van sterre –
die eerste malman het luidkeels
begin raas teen die illusie
van sterre se verdwyning as redding –
die bakker met meel aan die hande
laai sy kardoese brood
op 'n stootwaentjie –
hengelaars op die klippe
se lyne loop af na die diep
gelispelde donkerte
op soek na vis –
soos 'n skulp wat oopgaan
om die kleure te wys
van 'n hand wat die woorde probeer sluk –
pirogues dobber 'n dans oor die deining
se effense opstand en beweging
en die manne staan regop

om die lig te groet
en die mandjies afgelaat in die nag
boontoe te trek –
maar dis klaar te laat vir geheime –
maar reeds het die son
bo die oopgaande einder gerys:

hierdie groet van my
het nie 'n sluitreël nie

die engelaar se verweerskrif

jy sê my verse stink na die dood
se woordverrotting   dat al hierdie handpraat
net 'n gedagtenis aan die graat van 'n gevilde vis is?

dis nie waar nie.
was dit dan nie my lewenstaak om *nice-nice* te maak
asof ek uit 'n langwerpige kop gedigte kon fabriseer
as aas   vir die engel
van dit wat gedoem is tot verdwyning
tot die toeblaai   van die gat in die geheue
aan tekste reiner as die waarheid nie?

want dit wat gedoem is tot verdwyning
was al manier om haar vleuels mak te maak
sodat sy die verbygaan van die tydelike
uit my hand   kon kom eet

het ek dan nie my woorde op die water gewerp nie?
waar anders dink jy kom die maan in die put vandaan
daardie flakkering van vlerke?

wat wil jy méér weet van my lewe
as tekste reiner as die waarheid?
dat my vinger om die sneller gebewe het
in die bunker by Hitler se selfmoord?

dat ek die Osagjefo se vlieëkwas kon kwispel
soos 'n fakkel in die veldtog
toe Afrika se toekoms in die droomput versuip is?
en wat geword het van die kind verwek by Cesaria Evora
wat soos 'n bruin kanarietjie Kreoolse werkersliedere kon kweel?
dat ek vergeefs die ankertou vir Kirk Douglas op sy swiepende
sweefstok
vasgehou het in die sirkustent?
en waar die fiets is wat ek met vrywording vir Nelson Mandela
wou gee
toe sy bene reeds te kort was
en sy skouers te oud?

ek weet dis 'n fokop
maar dit wat gedoem is tot verdwyning
was al manier om haar vleuels mak te maak
sodat sy die verbygaan van die tydelike
uit my hand   kon kom eet
as vlugwoorde van as omdat dit alles is
wat sy ooit sou verstaan

my engel van vergane gesigte
van gedigte soos rame op 'n hemelruim
en waar anders kom die lyk in die water vandaan?

vir *jou* kan ek nie lieg nie:
tot hiér toe, tot *hier*
en geen dooie woord verder
agter die lekkerbekkigheid van doodgaan aan

nooit weer heen en weer bieg
op ritme van die doodsklok se gebeierbreyten nie:
dis om asem te mors
oor totsiens, koebaai

en sou dit die *mens* wees wat jy soek?
kom dan tuis in die kampong van hierdie vers
en jy sal sien ek praat met rondlopers
ek dans met voëlverskrikkers en gekke
in die stof

dans dan maar, dans
die riel van verandering
vir dinge van die nag
tussen riete
met sonsondergang

o my engel, ek lê hier die vis as plengoffer voor jou neer
want tussen lippe en stem
is die sterfgang
van iets met voëlvlerke
iets van vrees en van vergeet

en jy het my hand so skoon geëet

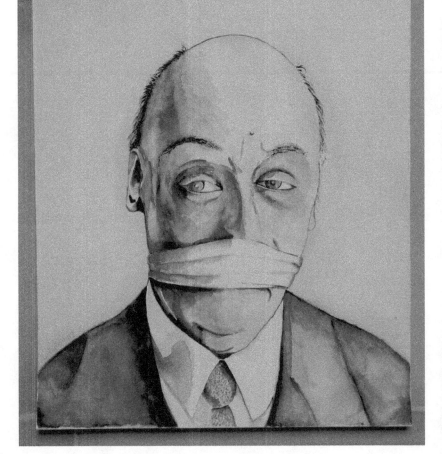

van vlerke gedroom
vogelen

vroegoggend, maar dan ook met

                      die aand

maan 'n grys bewuswees

wat kwyn, sal groei

ook helder oordag wanneer

                      dit onsigbaar is

maar nooit afwesig nie

son lê 'n blink pand water neer

vroegoggend wanneer 'n witborskraai

                      aaklighede kraak

en twee seemeeue op die strand

en die weggaanroep van hadidas

en ander ligskitterende voëls

wat met die opkyk hoër vlieg

as die heilige bergpiek

waar woorde gebrand het in silwerbome

die heuningpatroon van swaelnessies

                      se spore

teen die bakkrans bo 'n leë grot

klip van alle klippe

skip van alle skepe

verby die wegwyser van smeulende suiderkruise

is die reis 'n spoor

is die reis 'n stippellyn
is die reis 'n neerlê van pandsteentjies
ook helder oordag wanneer

                                      dit onsigbaar is

maar nooit afwesig nie

want daar is die onthou van jou lippe
die ontspanning van jou asemhaal
soos 'n duif wat weet van ontdekking

                                        in die ruigtes

dis die gesprek tussen bewuswees se geheue
en die piek se onthou
aaneen vroegoggend, maar dan ook

                                      met die aand
soos getye
dis die droom van takkies

                              en mondjies modder
wanneer die hart 'n nes is

my vlug sal aaneen wees
met die klipskip as verwysing
soms verdonkermaan maar nooit weer weg nie
na die lokvinkie van die liefde
in die gleufie warm en vogtige soetigheid
van jou hartjiesgras

ode aan taal
vogelen

ek wil jou oopvou soos 'n vlerk
kyk hoe sterk die penvere nog vloei
die leefrimpels van jou hart
van mond na hand voel popel
sien hoe jy soos 'n skip
die vaarwater laat bloei
met die vlug van die son

voor jy soos 'n skadu uit die mou
weer jou nagwerk begin:
skadu in die tuimelende ruimteserk
van klip

toemaak

liefdesling wat meer kan ek jou bied
die maan as aandgebed
gebord op die swartdoektafel
en die sterre vergetende herinneringe
van wat ons saam sal eet:
hierdie verstekenis van dinge
die breek en deel
van gesprekke se gebrekkige betekeninge

die laaste gedig

die laaste gedig is die een
met die minste gewig
want dis 'n wég en 'n weggaan
                        in beweging
 en vergestalt in vervlieting
die uiteindelik bekende gesig
van anonimiteit   van 'n lewe
in verleefde beweging

die laaste gedig paar nie
het nie die afsluiting van punt
of vraagteken nie
want die slotreël is slegs 'n sluis
is altyd 'n opsie
op altyd se opsê
'n passasie se oopgaan
na opgaan in beweegsing

die laaste gedig is die sigbaar
making van dansende tekens
se oorgaan na die bevryding
                        van onsigbaarheid

agternawoord

Ook namens Jan Afrika en Jan Blom
maak ek (die gek van myself – maar dis onvermydelike mondloop),
Blanckface Buiteblaf, hier die laaste buiging.
Hulle hou my vas sodat ek
nie val nie. Ons wou nie van ons
'n spektakel maak. Nie *nou* nie.
Maar ons vra nie om begrip
vir die losse vakmanskap v.d. verse nie.
Estetika, die suiwering van oorbodighede,
die huiwersoeke na 'n spanningsdraad tussen stuwing
en vormname – dit was nie ons oorweging nie.
Alles is hier soos dit hier is.

*("dat Oogh-wit in 't Beschrijven / van eene Reys /
ofte wel eene Mirakele / is meer /
op Getrouwlijckheydt / als op Cierelijckheydt /
van segghen" – Marco Polo)*

Inhoud

my eie vark

frottages

Ysterkoeisweet/oorblyfsel